엄마에게 사랑이 아닌 상처를 받은 너에게

엄마에게 사랑이 아닌
상처를 받은 너에게

내 마음 깊은 곳에서 울고 있는
내면 아이를 다독이는 법

찰스 화이트필드 지음

김세영 옮김

빌리버튼

나를 괴롭히는 마음의 감옥에서
벗어나는 법

트라우마^{trauma} 치료의 선구자인 찰스 화이트필드 박사는 미국을 대표하는 의사 중 한 사람으로 평생에 걸쳐 이룩한 연구와 임상 경험을 동료 의사들과 마음의 상처를 입은 이들에게 아낌없이 공유했다.

화이트필드 박사가 이 책을 처음 출간한 이후 지금까지 트라우마가 인간의 심리에 미치는 영향에 대한 이해의 폭이 크게 확대되었다. 그는 이 책에서 내면 아이^{child within}를 '궁극적으로 살아 있고, 열정적이며, 창의적이고, 완전한 자신의 일부'라고 말했다. 사람들이 내면 아이를 이해하는 데 큰 도움을 주었고, 이 책은 베스트셀러가 되었다.

우리의 내부에 존재하는 내면 아이가 건강하게 자라지 못했을 때 거짓된 자아가 나타난다. 이런 거짓된 자아를 바르게 이해하고 그 덫에 걸리는 것을 막기 위해 저자는 세 가지 핵심을 정리해 설명하고 있다. 세 가지 핵심은 부모의 아동 학대 및 방치가 아이에게 미치는 영향, 자신의 이야기를 털어놓음으로써 아동 학대와 방치로 인한 상처를 극복하는 법, 그리고 회복 훈련을 통해 상처를 치유하는 방법이다.

어린 시절의 상처는 오랫동안 남는다

다른 사람들과 친밀하고 안전한 관계를 맺고 유지하는 능력이 없다면 우리의 삶은 어떻게 될까? 누군가를 보살필 능력이 없고, 양심의 가책과 사랑, 연민을 느끼지 못하면 어떻게 될까?

정서적으로 건강한 인간관계를 형성하는 것은 생후 초기에 발달되는 두뇌의 특정 부분과 연관되어 있다. 이 시기에 생긴 트라우마로 발달에 심각한 방해를 받으면 아이는 자신을 통제하지 못하고, '외상 후 스트레스 장애PTSD'라고 불리는 상태에 빠질 수 있다. 어릴 때 심하게 스트레스를 받으면 어른이 되어서도 기쁨과 자극을 잘 느끼지 못하게 된다.

이 책에서 화이트필드 박사는 문제 가정troubled family에서 정서적 아동 학대가 얼마나 흔하게 이루어지는지, 트라우마를 숨기는 여러 방법은 무엇인지를 설명한다. 아이를 정신적으로 학대하고 방치하는 것이 신체적·성적인 학대 못지않게 아이의 발달에 손상을 입힌다는 사실이 여러 연구를 통해 밝혀졌다.

저자는 이렇게 설명하고 있다.

"심각한 신체적 학대와 공공연한 성적 학대는 아이에게 트라우마로 남지만, 다른 식의 학대는 아이가 학대당하고 있다는 사실조차 인식하지 못하는 경우가 많다. 그러나 학대에는 부모로부터 은근히 가해지는 정신적·신체적 학대나 은밀하고 비밀리에 이루어지는 성적 학대, 방치, 정서적·영적인 성장을 외면하고 가로막는 모든 행위가 포함된다."

자신의 감정을 표현하고 자신의 감정과 행동에 대한 통제력을 드러내는 능력은 생후 초기에 형성된다. 이 시기는 발달에 있어서 매우 중요하며, 우리는 이때 자신과 타인을 연관시키는 법을 배운다.

내면 아이를 치유하는 회복 프로그램

자기 이야기는 자신에 대해 많은 것을 말해 준다. 자신의 이야기를 하는 것이 왜 그렇게 중요한 걸까? 이에 대한 답은 매우 복잡하지만 많은 학자와 의사들이 조금씩 밝혀내고 있다. 화이트필드 박사는 이렇게 말했다. "우리는 지금의 내 모습과 어렸을 때 있었던 일들이 어떤 연관이 있는지 알아보기 시작했다. 자기 이야기를 안전한 사람들과 공유하면 피해자의 입장에서 벗어날 수 있고 되풀이되는 충동적인 행동도 멈출 수 있다."

연구에 따르면, 중요한 것은 어릴 때 겪은 일이 아니라 그것에 어떤 의미를 부여하느냐 하는 것이라고 한다. 즉, 일관성 있는 자기 이야기는 정서적인 측면과 지적인 측면이 통합되어야 한다는 뜻이다. 화이트필드 박사는 "자기 이야기를 하는 것은 내면 아이를 발견하고 치유하는 데 강력한 힘을 발휘한다."고 말했다. 이야기를 한다는 간단한 행위는 우리의 뇌가 감정과 행동, 의식적인 자각과 느낌을 포함한 여러 가지 작업을 동시에 하도록 만든다. 이 과정을 통해 우리는 살면서 겪은 일과 행동, 감정을 깨닫고 재구성해서 더욱 통찰력 있고 건전한 전체로 통합시킨다.

통합은 안전하다고 느끼는 공간에서 그룹 치료나 개인 심리 치료, 자조 모임(문제 행동을 통제하는 경험 중심의 기술을 사용하는 사람들의 자발적인 모임이다. 트라우마의 치유와 회원들의 지지와 격려를 얻는 데 그 목적이 있다-옮긴이), 일기 쓰기, 가장 친한 친구와 터놓고 하는 대화 등을 통해 효과적으로 이루어진다. 안전하고 숙련된 자질을 갖춘 치료 관계야말로 치료의 성공을 예상할 수 있는 가장 훌륭한 지표이다.

그런 조건이 갖추어졌다면 심리 치료사는 내담자가 자신의 이야기에서 의미를 찾도록 도울 수 있다. 즉 안전한 곳에서 용기를 내게 할 수 있고, 고통을 피하려는 건전하지 못한 방어 수단을 그만두게 할 수 있다. 또 힘이 되는 말을 해줌으로써 자신과 자신이 속한 세상에 대해 새로운 시각을 갖도록 도와줄 수 있다. 사람들은 이것을 '깨달음'이라고 부른다. 그러면 그들은 자신과 더 자주 접촉하고, 더욱 가깝게 연결되며, 더 잘 통합하고, 방어는 더 적게 하게 될 것이다. 이 모든 것이 성장이다.

불교 신자들은 '자아'를 껍질이 끝없이 벗겨지는 양파라고 표현한다. 각 껍질은 모두 탐구하고 통합시켜야 할 새로운 장이다. 화이트필드 박사는 "변화가 생기면 우리는 그 변화를 일상생활에 통합시키고 적용하기 시작한다. 통합시킨다는 것은 여러 조각으로 나뉘어 있는 요소를 모아 전체를 만든다는 뜻이다."고 설명했다.

통합이 우리의 행복과 어떤 연관이 있는지 이해하는 것은 매우 중요하다. 다음 이야기에서 알 수 있듯이 우리의 뇌는 더 많이 통합될 수 있도록 더욱 복잡하고 건강해진다.

마커스는 알코올 중독자 아버지 밑에서 자랐다. 아버지는 술에 취하면 어린아이였던 마커스를 벨트로 때리는 폭력적인 사람이었다. 열두 살이 되었을 때 마커스는 다른 사람이 자신을 다치게 하는 일은 더 이상 하지 못하게 하겠다고 결심하고 이렇게 선언했다. "누가 내 얼굴을 때리면 나는 엉덩이를 걷어차 주겠어."

마커스는 늘 감독관이나 교사, 경찰, 남자 의사 등 권위적 위치에 있는 성인 남자와 마찰을 빚었다. 왜 그러는지 물어보면 그는 이렇게 대답했다. "내 안에 누군가 있어서 완전히 나를 다른 사람으로 바꾸는 것 같아요. 날 전혀 통제할 수가 없어요."

치료를 받으면서 마커스는 자신의 감정을 다스리기 힘들어했고, 그 감정들을 표현할 말조차 찾지 못했다. 그는 분노를 이렇게 말했다. "아무것도 못 느끼는가 하면, 한꺼번에 너무 많은 것을 느끼게 돼요."

뇌의 언어는 감정으로 드러난다. 하지만 마커스는 자신의 감정에 이름을 붙이지도 못했고, 제대로 다스리지도 못했다. 이런 어려움은 통합의 문제이다. 마커스는 몇 가지 방법을 배울 수 있었다. 첫째는 자신의 감정을 인식하고 감지한 다음, 적당한 때에 효과적인 방식으로 대응하는 것이다.

둘째는 명상으로, 뇌의 기능을 변화시키는 데 도움을 준다.

명상에 몰입하면 정신적·정서적 에너지를 다시 채울 수 있고, 삶을 대하는 태도와 대응 방식에 변화를 가져올 수 있다. 이 책에서 화이트필드 박사는 이런 식의 회복 훈련을 차근차근 완성하는 방법을 알려 준다.

마커스처럼 트라우마를 겪으며 자란 아이는 뇌줄기의 활동이 지나치게 활발해진다. 스트레스에 관한 대응 체계가 대부분 이 부분에 위치해 있어서, 계속되는 자극은 두려움이나 불안, 화, 충동성으로 이어질 수 있다.

어릴 때 겪은 반복적인 트라우마는 공감하고, 문제를 해결하며, 추론하고 개념화하는 능력에 문제를 일으킨다. 또한 자신에게 가해지는 위협을 확대해석하고, 표정 같은 시각적인 신호를 잘못 이해함으로써 정신적인 고통을 조절하는 능력이 떨어진다. 회복 과정 초기에 과거의 상처를 떠올리는 상황에 처하게 되었을 때 무슨 일이 일어날지 상상해 보라. 만약 남자 상사가 마커스에게 화를 내면 마커스의 뇌는 화를 표출하게 만들 것이다.

이 책에는 회복해야 할 여러 핵심 문제가 소개되어 있다. 그중 하나가 통제력이 부족한 경우이다. 마커스 같은 사람들은 통제력을 잃을까 봐 두려워하는 마음이 자기 파괴적인 행동으로 이어진다. 예전에 권위적인 위치에 있던 남자들은 마커스를 치료실에서 쫓아버리거나 해고하거나 감옥에 넣어 버리거나 벌을 주겠다고 말했었다. 그들의 그런 행동은 마커스는 사람들과 가까워지면 결국 자신만 상처받을 거라는 생각을 강화시켰다. 마커스에게 적절한 치료가 이루어진다면 반복되는 파괴적인 패턴을 깨는 법을 배울 수 있을 것이다. 이 책은 이런 변화의 과정을 설명하고 있다.

심리 치료는 감정과 사고를 통합시켜 개인적인 성장을 이루게 하는데 중점을 둔다. 자신의 감정이 무엇인지, 어떻게 표현해야 하는지 모르는 사람이 어떻게 균형과 통합을 잘 이루어낼 수 있을까? 심리 치료사들, 그룹 치료 회원들과 함께 만든 이야기를 통해서, 스트레스 때문에 제 기능을 못하는 뇌와 몸을 통합하고 치유할 수 있다.

이런 균형과 통합의 작업은 새로운 통찰력을 갖게 해주므로 마커스는 늘 문제를 일으켰던 분노에 대한 잘못된 대처 방식에서 벗어나는 법을 배울 것이다. 이름 붙이기, 재구성하기, 명상하기처럼 자신을 진정시킬 수 있는 기술을 활용하면 되는 분노를 유발할 수 있는 상황에서도 여유를 갖게 될 것이다.

치유에 강력한 힘을 발휘하는 영적인 힘

화이트필드 박사는 "영적인 영역을 최대한 간단하게 정의한다면 우리가 자기 자신, 다른 사람, 그리고 세상과 맺고 있는 관계에 대한 것이다."라고 했다. 영적인 사람이 되기 위해 종교적인 사람이 되어야 한다는 의미가 아니다. 영적인 영역의 장점은 겸손함, 내적인 힘, 삶에 의미를 두고 목적을 갖는 것, 자신과 다른 사람을 수용하는 것, 조화, 평온, 감사하는 마음, 용서 등을 들 수 있다.

명상과 영적인 영역의 관계는 이미 잘 알려져 있다. 둘 다 시간과 공간을 넘어선 것으로 자유롭게 해방되는 것을 느끼게 해준다. 영적인 영역과 치유는 밀접한 관련이 있다. 회복 과정에서 영적인 영역은 강력한 힘을 발휘한다. 무신론자나 불가지론자들도 명상 기법을 통해 큰 효과를 볼 수 있다.

영적인 영역을 신장시킬 수 있는 방법은 많다. 마커스에게 중요한 것은 영적인 영역에 기반을 둔 회복 프로그램에 참여하고, 주변을 영적인 사람들로 채우는 것이다. 삶에서 영적인 순간을 인식하도록 배우는 것도 그에게는 중요한 일이 될 수 있다. 무언가에 몰입하면서 의미 있는 삶을 살면 기쁨은 늘어나고, 고독이나 공허함, 고통은 줄어든다.

저자는 "행복이란 우리가 얻는 것이 아니다. 오히려 행복과 평화는 우리의 자연스러운 상태이다. 평온함은 우리가 자신의 감정과 경험에 덧붙이는 모든 것 밑에, 그리고 위축된 자신의 모습 밑에 존재한다."고 말했다.

1986년 처음 출간되었을 때부터 이 책은 시간을 앞선 주제를 다루었다. 오늘날 우리에게 더욱 필요한 책이며, 정신적 상처를 다루는 심리학 분야에서 신기원을 이룬 책이다.

— 정신건강의학과 전문의 카드웰 뉴콜스 박사

어린 시절의 상처는
내 삶을 어떻게 지배하는가

1986년 나는 상담자들에게 교육적인 지침서를 제공하고 독서 요법을 실행하기 위해 이 책을 썼다. 이 책은 어린 시절의 트라우마로 고통받는 성인 환자들을 오랫동안 관찰한 결과와 같은 주제를 다룬 임상 서적이나 학계의 서적을 통해 알게 된 내용들을 기본으로 한다.

당시 나는 이 책을 일반 대중들에게 알릴 생각도 없었으며, 이 책이 10개 국어 이상으로 번역되어 세계 여러 나라에서 수백만 부가 팔리는 밀리언셀러가 될 거라는 기대도 하지 않았다. 처음 책을 썼을 때 담았던 기본 내용과 원칙들은 지금까지도 유효하다. 그동안 임상 학문과 연구를 통해 주목할 만한 결과들이 밝혀졌지만 놀랄 정도는 아니다. 지난 20여 년 동안 그 결과들은 트라우마와 상처를 주는 가족 안에서 자라는 것이 우리에게 얼마나 해로운지를 입증해 주었다. 7장에서 다룬 '외상 후 스트레스 장애'는 어린 시절 충격적인 경험을 한 적이 있는 성인에게 나타나는 가장 흔하면서도 치유하기 힘든 장애 중 하나이다.

거짓된 자아로 살아가는 이유

10년 동안 세계 각지에서 23만 명이 넘는 사람들을 대상으로 실시된 330개 이상의 연구 자료와 내가 직접 연구한 결과에서 알 수 있듯이, 충격적인 경험은 여러 가지 해로운 결과로 나타날 가능성이 크다. 즉 우울증이나 중독 증세, 정신분열증 등 소위 말하는 정신질환을 비롯해 다양한 신체질환으로 나타날 수 있다.

이런 질환들은 어린 시절에 겪은 반복된 정신적 충격과 연관이 깊다. 뇌의 화학 작용 때문에 유전적 변이가 일어나 이런 질환들이 발생한다고 생각할 수 있지만 뒷받침할 근거는 희박하다. 지금까지 진행된 관련 연구에서 뇌의 이상에 따른 문제가 발견되었다면, 그 문제가 정신장애의 기제가 될 수는 있다. 하지만 어린 시절부터 성인이 되어서까지 겪은 반복된 트라우마가 다양한 질환의 원인이 되는 경우가 많다.

1986년부터 우리는 몇 가지 매우 중요한 것들을 알게 되었다. 세계 곳곳에 있는 수많은 가정에서 부모가 아이들의 건강한 욕구, 즉 정서적인 안정과 사랑을 제대로 충족시켜 주지 못하고 있다는 사실이다. 그 결과 아이들은 태어나서 성인이 될 때까지 건강한 성장을 하지 못하고 있다. 성인이 되어도 내면에는 사랑받지 못한 어린아이로 인해 쉽게 상처받고 분노하며 좌절하는 성인 아이Adult Children(알코올 중독인 부모 밑에서 자라 성인이 된 사람을 일컫는 용어)로 남는다.

트라우마를 경험한 성인 아이는 세상에서 살아남기 위해 자신도 의식하지 못하는 정신세계의 저 깊은 곳에 자신의 진정한 자아를 감춰버린다. 대신 거짓된 자아를 드러내 삶이라는 거대한 쇼에 맞춰 살아가려 하지만, 결국은 성공하지 못한다. 그것은 고통에 대응하려는 방어 기제일 뿐 진짜가 아니기 때문이다. 거짓된 자아는 남의 눈에 바르고 자신을 통제할 수 있는 사람으로 보이고 싶은 욕망에 근거하는 경우가 많다.

내면 아이를 어떻게 치유하는가

내가 이 책에서 소개하고 있는 치유 방식은 이미 병을 이겨낸 많은 사람들에 의해 그 효과가 입증되었다. 그 방식의 주요 내용을 요약해보면 다음과 같다.

- **인식** 치유란 단순히 무언가의 중독에서 벗어나는 것이 아니다. 예를 들어 술을 끊기 위해 노력하고 좋아진 모습을 보이면서도 여전히 고통스러워하는 사람들이 많고, 음식이나 돈, 섹스, 일에 대한 집착이 건전하지 못하고, 자기 파괴적인 행위나 충동적인 행동으로 바뀌어 나타나는 경우도 많다. 또한 많은 사람들이 정신과에서 처방해 준 약의 효과를 보지 못하고, 오히려 그 약 때문에 더욱 힘들어하며 해로운 영향을 받는 것으로 나타났다.

- **발견과 확립** 자신의 내면 아이와 영적인 힘을 찾아내자. 자신의 상태를 치유 중인 사람들에 따르면, 우연히 접하게 된 전통적인 종교 등을 통해 광범위하고, 보편적이며, 체험적이고, 삶에 대한 의욕과 발전을 북돋는 영적인 힘을 갖게 되는 경우가 많다고 한다.

- **입증** 고유의 기능을 상실한 문제 가정에서 자란 경험을 확인한다. 알코올의존증 환자의 가정에서 자란 사람들도 많고, 그 밖에 다른 식으로 기능을 제대로 하지 못한 가정에서 자란 사람들도 많다.

- **허락** 완쾌를 위한 치유 작업을 허락한다. 정신장애나 질환을 어느 정도 갖고 있는 것이 일반적인 정신 상태라는 생

각으로 시작한다. 그러면 어릴 때 처한 비정상적인 상황에 정상적인 반응을 드러낼 경우, 나쁜 사람이 되거나, 병이 나거나, 미치거나, 어리석은 사람이 된다는 낡은 견해 때문에 괴로워하던 마음이 사라질 것이다.

- **구조화** 치유 작업을 완수하기 위해 해야 할 일들을 구체적으로 정리해 본다. 나는 이 책에 구체적인 방법들을 소개해 놓았다.
- **완쾌** 삶의 목표와 의미, 의욕을 잃은 채 혼란스러워하고 괴로워하던 상태에서 벗어나 자신의 인생을 되찾는다.

치유에는 인내가 필요하다

아이를 보호해야 하는 기능을 상실한 가정에서 자란 충격에서 회복하려면 인내와 끈기가 있어야 한다. 사람들은 대부분 참을성 없이 곧바로 목표에 도달하려 하고, 힘든 과정은 그냥 건너뛰고 싶어 한다. 완벽한 치유를 위해서는 자신에게 일어난 일과 자신의 내면을 구성하는 요소들을 정확히 파악하는 것이 중요하다. 다양한 감정을 포함해 우리 자신을 이루고 있는 것들이 바로 그런 요소들이기 때문이다. 또 술에 의존하지 않고 정신적인 고통을 참는 법도 배워야 한다.

치유의 가장 심오한 원칙 가운데 하나는 "쉬엄쉬엄 가자!"라는 말에 그대로 나타나 있다. 완벽하게 치유될 때까지는 오랜 시간이 걸린다. 그러나 이 말을 새기면 평소에 갖고 있던 삶에 대한 생각이 순식간에 바뀔 수 있으며, 치유를 향한 여정을 견디기도 좀 더 수월해질 것이다. 또한 목표에 도달하는 과정을 더욱 의미 있게 받아들이고 현재를 중시할 수 있게 된다.

가슴에 묻어놓은 고통을 슬퍼하고, 끈기 있게 치유 과정을 견디고 가다 보면 과거에 해결하지 못한 내적 갈등에서 벗어나게 될 것이다. 또한 미래는 아직 아무것도 결정되지 않은 도착점이라는 것도 알게 될 것이다. 중요한 것은 현재이며, 진정한 평화를 찾을 수 있는 것도 현재 이 순간이다.

— 찰스 화이트필드

Part 1

우리 마음속에는
아이가 살고 있다

1장

반복되는 심리 문제에서 벗어나려면 내면 아이를 만나야 한다

보이지 않는
내면 아이

———————————————— 우리 마음속에는 아이가 살고 있다. 마음속에 아이가 살고 있다면 의아하게 생각할 수도 있지만, 내면 아이^{child within}란 이미 오래전부터 존재해 왔던 개념이다. 다만 '내면 아이'가 아닌 다른 이름으로 불려 다소 생소하게 느껴지는 것뿐이다. 칼 융은 내면 아이를 '신성한 아이^{divine child}'라고 불렀고, 에멧 폭스는 '경이로운 아이^{wonder child}'라고 했으며, 심리 치료 전문가인 알리스 밀러는 '참 자아^{true self}'라고 불렀다.

누구나 내면 아이를 하나씩 품고 산다. 비록 보이지는 않지만 내면 아이는 살아 있고, 열정적이며, 창의적이고, 완전한 자신의 일부이다. 내면 아이야말로 우리의 진정한 자아이며 우리의 진짜 모습이라 할 수 있다. 내면 아이를 찾고 인정하는 일은 매우 중요하다. 그런데 우리는 대부분 부모의 무의식적인 양육 태도와 사회의 기존 가치관에 의해 자기 안에 존재하는 내면 아이를 부인한다.

내면 아이가 제대로 자리지 못하거나 자신을 자유롭게 표현하지 못하면 '거짓된 자아false self' 혹은 '의존적인 자아codependent self'가 나타난다. 그렇게 되면 늘 피해자의 상태로 삶을 살아가며, 정신적인 충격을 해결하는 데 어려움을 겪게 된다. 이런 정신적·감정적인 문제가 해결되지 못하고 점점 쌓이다 보면 만성적인 불안과 공포를 느끼게 되고 정신적 혼란과 공허함, 불행한 기분에 빠져들기도 한다.

거짓된 자아나 부정적인 자아는 문제 가정에서 자란 사람에게서 흔히 볼 수 있다. 다시 말해, 신체적·정신적으로 만성적인 질환을 앓고 있는 사람이 있거나, 엄격하고 차가운 분위기의 가정에서 자란 사람에게서 거짓된 자아나 부정적인 자아가 종종 나타난다.

그러나 해결 방법은 있다. 우리의 내면 아이를 찾아 치유함으로써 거짓된 자아에 의지하면서 겪었던 고통과 굴레의 속박에서 벗어날 수 있다. 이 책에는 내면 아이를 치유하는 방법에 대한 모든 것이 담겨 있다.

나의 내면 아이는 건강할까?

모든 사람의 내면 아이가 아픈 것은 아니다. 모두가 학대를 당하거나 상처를 받으며 자란 것은 아니기 때문이다. 질적·양적으로 건강한 사랑을 받고 애정 어린 가르침 속에서 자란 사람은 내면 아이도 건강하게 자라기 때문에 문제가 없다.

그렇다면 상처받지 않은 내면 아이를 품고 사는 사람은 얼마나 될까? 정확한 숫자를 예측하기는 어렵지만, 나는 대략 5~20퍼센트 정도 될 것이라 예상한다. 이 말은 곧 건강한 인간관계를 유지하고, 자기 자신과 자신이 하는 일을 자랑스럽게 여기는 데 필요한 사랑과 가르침을 받지 못한 사람이 80~95퍼센트나 된다는 뜻이다.

당신의 내면 아이는 어떤가? 내면 아이가 건강한지 알아보려면 자신이 다른 사람들과 건강한 관계를 맺고 있는지를 생각해 보면 된다. 한 치의 망설임도 없이 스스로 인간관계에 만족하고 갈등이 없다고 생각한다면 이 책을 읽지 않아도 된다. 하지만 자신이 다른 사람들과 건강한 관계를 맺고 있는지 아닌지 결정하기 어렵다면 다음 질문들에 답하는 것으로 도움을 받을 수 있다. 나는 이것을 '회복 가능성 검사'라고 부른다. 이 검사를 통해 자신이 갖고 있는 상처뿐 아니라 생기 넘치고, 도전적이며, 행복한 삶을 만들 수 있는 가능성을 볼 수 있다.

회복 가능성 검사

자신이 느끼는 기분과 가장 가까운 것에 체크하시오.

1 다른 사람의 인정과 지지를 받고 싶어 하는가?
□ 전혀 아니다 □ 거의 아니다 □ 가끔 그렇다 □ 자주 그렇다 □ 매우 그렇다

2 자신이 성취한 바를 인정하는가?
□ 전혀 아니다 □ 거의 아니다 □ 가끔 그렇다 □ 자주 그렇다 □ 매우 그렇다

3 비난을 두려워하는가?
□ 전혀 아니다 □ 거의 아니다 □ 가끔 그렇다 □ 자주 그렇다 □ 매우 그렇다

4 평소 과도하게 일하는 편인가?
□ 전혀 아니다 □ 거의 아니다 □ 가끔 그렇다 □ 자주 그렇다 □ 매우 그렇다

5 자신의 충동적인 행동 때문에 문제가 생긴 적이 있는가?

☐ 전혀 아니다 ☐ 거의 아니다 ☐ 가끔 그렇다 ☐ 자주 그렇다 ☐ 매우 그렇다

6 완벽을 추구하고자 하는 욕구를 갖고 있는가?

☐ 전혀 아니다 ☐ 거의 아니다 ☐ 가끔 그렇다 ☐ 자주 그렇다 ☐ 매우 그렇다

7 삶이 평탄하게 흘러갈 때 불안함을 느끼는가?

☐ 전혀 아니다 ☐ 거의 아니다 ☐ 가끔 그렇다 ☐ 자주 그렇다 ☐ 매우 그렇다

8 위기의 한가운데에 서 있을 때 살아 있다는 기분을 느끼는가?

☐ 전혀 아니다 ☐ 거의 아니다 ☐ 가끔 그렇다 ☐ 자주 그렇다 ☐ 매우 그렇다

9 다른 사람을 배려하는 것은 쉬운데, 자신을 챙기는 것은 어려운가?

☐ 전혀 아니다 ☐ 거의 아니다 ☐ 가끔 그렇다 ☐ 자주 그렇다 ☐ 매우 그렇다

10 주위 사람들로부터 자신을 고립시키는가?

☐ 전혀 아니다 ☐ 거의 아니다 ☐ 가끔 그렇다 ☐ 자주 그렇다 ☐ 매우 그렇다

11 권위 있는 사람이나 화가 나 있는 사람을 보면 불안한가?

☐ 전혀 아니다 ☐ 거의 아니다 ☐ 가끔 그렇다 ☐ 자주 그렇다 ☐ 매우 그렇다

12 사람들이나 사회가 당신을 이용하고 있다는 기분이 드는가?

☐ 전혀 아니다 ☐ 거의 아니다 ☐ 가끔 그렇다 ☐ 자주 그렇다 ☐ 매우 그렇다

13 친밀한 관계를 맺는 것에 문제가 있는가?

☐ 전혀 아니다 ☐ 거의 아니다 ☐ 가끔 그렇다 ☐ 자주 그렇다 ☐ 매우 그렇다

14 충동적인 경향이 있는 사람에게 끌리고 그런 사람을 찾는 편인가?

☐ 전혀 아니다 ☐ 거의 아니다 ☐ 가끔 그렇다 ☐ 자주 그렇다 ☐ 매우 그렇다

15 혼자 있는 것이 두려워 사람들과의 관계에 집착하는 편인가?

☐ 전혀 아니다 ☐ 거의 아니다 ☐ 가끔 그렇다 ☐ 자주 그렇다 ☐ 매우 그렇다

16 자신이 느끼는 기분이나 다른 사람들이 표현하는 감정을 믿지 못할 때가 많은가?

☐ 전혀 아니다 ☐ 거의 아니다 ☐ 가끔 그렇다 ☐ 자주 그렇다 ☐ 매우 그렇다

17 자신의 감정을 표현하기가 어려운가?

☐ 전혀 아니다 ☐ 거의 아니다 ☐ 가끔 그렇다 ☐ 자주 그렇다 ☐ 매우 그렇다

18 다음에 언급된 것들에 두려움을 느끼는가?

• 자제력을 잃는 것

☐ 전혀 아니다 ☐ 거의 아니다 ☐ 가끔 그렇다 ☐ 자주 그렇다 ☐ 매우 그렇다

• 자신이 느끼는 기분

☐ 전혀 아니다 ☐ 거의 아니다 ☐ 가끔 그렇다 ☐ 자주 그렇다 ☐ 매우 그렇다

• 주변 사람들과의 마찰과 비난

☐ 전혀 아니다 ☐ 거의 아니다 ☐ 가끔 그렇다 ☐ 자주 그렇다 ☐ 매우 그렇다

• 거부당하거나 버려지는 것

☐ 전혀 아니다 ☐ 거의 아니다 ☐ 가끔 그렇다 ☐ 자주 그렇다 ☐ 매우 그렇다

• 패배자가 되는 것

☐ 전혀 아니다 ☐ 거의 아니다 ☐ 가끔 그렇다 ☐ 자주 그렇다 ☐ 매우 그렇다

19 편히 쉬거나 즐겁게 지내는 것이 어려운가?

☐ 전혀 아니다 ☐ 거의 아니다 ☐ 가끔 그렇다 ☐ 자주 그렇다 ☐ 매우 그렇다

20 충동적으로 먹거나 일하거나 술을 마시거나 다른 흥분거리를 찾으려는 자신을 발견할 때가 있는가?

☐ 전혀 아니다 ☐ 거의 아니다 ☐ 가끔 그렇다 ☐ 자주 그렇다 ☐ 매우 그렇다

21 상담이나 정신과 치료를 받아 봤지만 여전히 자신에게 뭔가 문제가 있다는 기분을 느끼는가?

☐ 전혀 아니다 ☐ 거의 아니다 ☐ 가끔 그렇다 ☐ 자주 그렇다 ☐ 매우 그렇다

22 공허감이나 멍한 기분, 슬픔을 자주 느끼는가?

☐ 전혀 아니다 ☐ 거의 아니다 ☐ 가끔 그렇다 ☐ 자주 그렇다 ☐ 매우 그렇다

23 다른 사람들을 믿는 것이 어려운가?

☐ 전혀 아니다 ☐ 거의 아니다 ☐ 가끔 그렇다 ☐ 자주 그렇다 ☐ 매우 그렇다

24 책임감이 지나친 편인가?

☐ 전혀 아니다 ☐ 거의 아니다 ☐ 가끔 그렇다 ☐ 자주 그렇다 ☐ 매우 그렇다

25 개인적으로나 일적인 면에서 성취감을 잘 느끼지 못하는가?

☐ 전혀 아니다 ☐ 거의 아니다 ☐ 가끔 그렇다 ☐ 자주 그렇다 ☐ 매우 그렇다

26 죄의식을 갖고 있거나 자신이 무능하다고 느끼는가?

☐ 전혀 아니다 ☐ 거의 아니다 ☐ 가끔 그렇다 ☐ 자주 그렇다 ☐ 매우 그렇다

27 만성적인 피로나 통증을 겪는 성향이 있는가?

☐ 전혀 아니다 ☐ 거의 아니다 ☐ 가끔 그렇다 ☐ 자주 그렇다 ☐ 매우 그렇다

28 부모님과 몇 분 혹은 몇 시간씩 같이 있는 것이 힘이 드는가?

☐ 전혀 아니다 ☐ 거의 아니다 ☐ 가끔 그렇다 ☐ 자주 그렇다 ☐ 매우 그렇다

29 사람들이 당신에게 기분이 어떠냐고 물으면 어떻게 대답해야 할지 몰라 머뭇거리는가?

☐ 전혀 아니다 ☐ 거의 아니다 ☐ 가끔 그렇다 ☐ 자주 그렇다 ☐ 매우 그렇다

30 어렸을 때 학대를 받았거나 방치되었을 수도 있다는 생각을 해본 적이 있는가?

☐ 전혀 아니다 ☐ 거의 아니다 ☐ 가끔 그렇다 ☐ 자주 그렇다 ☐ 매우 그렇다

이 질문들 중에서 '가끔 그렇다', '자주 그렇다', '매우 그렇

다'라고 대답한 것이 있다면 이 책을 계속 읽는 것이 도움이 될 것이다. 만약 위 질문에 대부분 '전혀 아니다'라고 대답했다면 내면 아이가 건강하기 때문일 수도 있지만, 자신의 감정 상태를 제대로 파악하지 못하고 있는 것일 수도 있다.

나는 이 책 속에 자신이 진짜 누구인지 알아낼 수 있는 몇 가지 기본 원칙들을 설명해 놓았다. 진정한 자아, 즉 자신의 내면 아이를 만나는 일은 생각보다 쉽지 않을 수 있다. 하지만 진짜 나를 알지 못하면 지금 겪는 혼란과 고통에서 벗어날 수 없다. 진짜 내가 누구인지 알고 난 다음에는 자신의 진정한 자아를 회복시킬 차례이다. 이 책에 방법을 자세하게 소개했으므로 도움이 될 것이다.

이런 작업을 수행하는 데는 많은 시간과 노력, 그리고 절제력이 필요하다. 그렇기 때문에 서두르지 말고 묵묵히 해나가야 한다. 앞으로 당신은 몇 달 혹은 몇 년에 걸쳐 이 책을 띄엄띄엄 읽게 될 수도 있다. 그렇다고 조급해할 필요도 없다. 준비가 되었을 때 조금씩 읽으면 된다. 다만 중도에 포기하지 말고 끝까지 읽고 적용해야 한다는 것만은 반드시 기억하자.

2장

무의식 깊은 곳에 자리 잡은
어린 시절의 상처 조각들

어릴 때 받은 상처가
평생을 힘들게 한다

―――――――――――― '내면 아이'라는 말은 사실 기원
전부터 있었지만 예전에 사용되던 '내면 아이'의 뜻과 오늘날
의 '내면 아이'라는 개념에는 차이가 있다. 지금 우리가 말하는
내면 아이라는 개념을 이해하려면 아동 학대와 방치에 대한 관
심, 알코올의존증 환자와 그 가정, 그리고 그에 관한 심리 치료
분야의 발달 과정을 먼저 이해해야 한다. 이를 이해하지 못한
다면 내면 아이에 다가서기 어렵다.

부끄럽게도 우리는 꽤 오랫동안 아동 학대를 제대로 인식하

지 못하고 방치해 왔다. 어릴 때 입은 마음의 상처가 시간이 지나도 회복되지 않고 평생을 힘들게 한다는 것은 더욱 알지 못했다. 다행히 아동 학대를 인식하고 회복하고자 하는 움직임이 시작되면서 내면 아이가 본격적으로 관심을 받게 되었다.

내면 아이라는 개념을 정립하는 데는 정신의학 분야에 종사하는 일부 의사와 작가들이 큰 역할을 했다. 하지만 내면 아이라는 개념을 편하게 받아들이고 이해하는 데는 참으로 오랜 시간이 흘렀다. 그동안 내면 아이라는 개념은 발전했고, 상처받은 내면 아이를 치유하는 방법에 대한 연구도 활발해졌다.

내면 아이, 치유가 시작되다

─────────── 아동 학대와 방치에 대한 관심 못지않게 내면 아이라는 개념을 정립하는 데 기여한 것이 '알코올의존증 환자 가족 치료 운동'이다. 알코올의존증은 자기 자신은 물론 가족의 삶까지 파괴하는 무서운 질병이다. 또한 알코올의존증과 아동 학대는 밀접한 관련이 있다. 상처받은 내면 아이 때문에 힘들어하는 사람들 중에는 어릴 때 알코올의존증 부모 밑에서 학대받았던 사람들이 상당히 많다.

알코올의존증은 무서운 질병임에도 불구하고 1930년대 초반까지만 해도 효과적인 치료 방법이 없었다. 그러다 1935년에 '알코올의존증 환자 치료 모임'이 만들어지면서 알코올의존증 치료에 새로운 전환점을 맞이하게 되었다. 이 모임의 회원들은 알코올의존증으로 고생하는 사람들뿐 아니라 어릴 때 부모와 주위 사람들에게 학대받은 경험이 있는 성인이 대부분이었다. 회원들은 서로의 경험을 공유하며 격려하고 희망을 주면서 상처를 회복할 수 있도록 도움을 주었고, 다행히 효과가 있었다. 그전까지는 많은 사람들이 여러 형태의 정신과 치료를 받았으나 성공하지 못하는 경우가 많았기 때문에 '알코올의존증 환자 치료 모임'의 성과는 더욱 귀중한 것이었다.

　또한 모임을 통해 환자 자신뿐만 아니라 가족들의 상처를 돌아보고 치유하는 데 관심을 갖게 되었다. 그때까지는 전문적인 알코올의존증 치료가 아닌 경우, 알코올의존증 환자와 그 가족들을 위한 개별적인 심리 치료가 실질적인 효과를 거두지 못하고 있었다.

　설립 후 약 20년 동안 '알코올의존증 환자 치료 모임'은 급속히 성장했고, 알코올의존증에 대한 효과적인 치료 방법을 많이 제공했다. 이 모임에서 만든 치료법은 그전까지 알려졌던 알코올의존증에 대한 개념과 치료 방법이 잘못되었음을 보여주었으며, 알코올의존증 환자가 있는 가정과 친구들도 치료를 받아야 한다는 운동이 시작되었다.

그동안 알코올의존증 환자가 있는 가정에서 자라는 아이들에게는 거의 관심을 두지 않았기 때문에 그들의 내면 아이는 심각한 타격을 받았다. 1960년대 말에도 알코올의존증 환자 가정의 아이들에게 진지한 관심을 쏟은 책이나 기사는 거의 없었다. 알코올의존증 환자 가정의 아이들에게 처음으로 관심을 보인 책은 1969년 마거릿 콕이 쓴 《잊혀진 아이들The Forgotten Children》이다. 이후 점차 알코올의존증 환자 가정의 아이에 대한 관심과 관련 서적들이 등장하기 시작했다.

1970년대 말부터 1980년대 초 사이에 알코올의존증 환자의 가정을 이해하고 돕기 위한 실질적인 움직임이 시작되었고, 그 후 이 분야는 급속히 성장해서 이를 전문으로 하는 의사와 교육자들도 생겨났다. 이처럼 알코올의존증 환자와 그 가정, 그에 관한 심리 치료 분야에서 내면 아이에 대한 개념이 새롭게 등장하여 발달하기 시작한 것은 최근 몇십 년 사이의 일이다.

상처는 치유되지 않고
마음 깊이 남는다

─────────────── 심리 치료에서 상처받은 내면
아이를 치료하기 시작한 것은 프로이트가 트라우마 이론을 발
표한 이후 인간의 무의식 세계를 발견하면서부터이다. 사람들
이 내면 아이가 있다는 것을 인식하지 못하는 이유는 그 아이
가 대부분 무의식 세계에 존재하기 때문이다. 대부분의 사람들
은 어릴 때 받은 마음의 상처를 잊고 산다. 그 상처를 계속 안
고 살면 삶이 너무나 힘들기 때문에 어떻게든 상처를 잊으려고
노력한다. 세월이 흐르면서 상처는 점점 기억 속에서 희미해져
가지만, 상처를 치유한 것이 아니라 애써 잊은 것이기 때문에
그 상처는 무의식 세계에 깊게 자리를 잡는다.

무의식 세계의 발견은 내면 아이를 끌어내는 데 중요한 단서
를 제공했다. 이후 칼 융, 알프레드 아들러, 오토 랭크, 로베르
토 아사지올리같이 뛰어난 프로이트의 제자들이 내면 아이, 즉
진정한 자아에 대한 개념을 발전시켰다.

내면 아이를 밖으로 더 *끄집어낸* 것은 에릭 에릭슨, 멜라니
클라인, 카렌 호나이, 해리 설리번, 로널드 페어베언 등 여러 학
자들과 소아과 의사이자 정신분석가인 도널드 위니콧이다. 그

들은 수많은 엄마들과 아이들을 관찰하여 그 결과를 이론으로 세웠다. 그들의 이론 속에, 우리의 삶에서 매우 중요하고 살아 있음을 느끼게 해주는 진정한 자아, 즉 내면 아이에 대한 구체적인 내용이 포함되어 있다.

앨리스 밀러는 한 걸음 더 나아가, 1979년 아동 학대와 방치를 정신분석적 치료와 접목시키기 시작했다. 밀러는 프로이트부터 위니콧 사이에 나온 정신분석적 심리 치료에 관한 책들에 관심을 갖고 환자들을 관찰하면서 내면 아이를 치유하기 시작했다.

하지만 그때까지만 해도 알코올의존증과 어린 시절에 겪은 트라우마가 어떤 영향이 있는지에 대한 연구가 활발하지 않았기 때문에 앨리스 밀러가 좀 더 구체적으로 내면 아이를 소개하는 데는 한계가 있었다. 암 환자들의 보조치료 수단인 그룹 심리 치료와 상상요법도 내면 아이를 치료하는 데 도움이 되었다. 매튜와 사이먼튼을 비롯한 여러 학자들은 많은 암 환자들이 자신의 욕구 충족과 감정 표현을 억누르고 있다는 점에 주목하고, 그들의 욕구를 해결해 주는 방법에 관심을 가졌다.

그러자 다른 의사들도 심장병처럼 생명을 위협하는 심각한 질환을 치료하면서 이와 비슷한 방법을 활용하기 시작했다. 나는 우리 마음속에 살고 있는 내면 아이를 치료하는 데 이용되는 여러 원칙과 기술들이 모든 질병과 고통을 완화시키는 데도 유용하게 활용될 거라고 믿는다.

내면 아이와 관련된 마지막 분야는 바로 영적인 측면이다. 알코올의존증 환자와 그 가족들은 영적인 치료 방법으로 상당한 효과를 보고 있다. 일부 정신건강의학과 전문의들과 심리치료사들도 영적인 측면의 중요성을 인식하기 시작했다. 영적인 면이라고 해서 종교에만 국한된 것은 아니다. 나는 이 책 전반에 걸쳐서 영적인 치료에 관해 다루고 있는데 특히 15장에 자세히 설명해 놓았다. 나는 몸과 마음의 완전한 회복을 위해 영적인 측면이 매우 중요하다고 생각한다. 내면 아이, 즉 자신의 진정한 자아를 발견하고 자유롭게 해주기 위해서라면 더욱 그렇다.

지금까지 내면 아이의 개념이 어떻게 발전해 왔는지 소개했다. 하지만 아직도 내면 아이가 잘 와닿지 않는 독자들도 있을 것이다. 내면 아이의 존재를 어떻게 알 수 있을까? 언제 내면 아이를 보고 느끼고 인식할 수 있을까? 또 신체적·정신적 질환을 치유하는 데 내면 아이는 어떤 관련이 있을까? 지금부터 우리의 내면 아이에게 좀 더 가까이 다가가 보자.

3장

불안하고 외로워서
마음 깊은 곳으로 숨어버린 진짜 나

있는 그대로의 나,
참 자아

───────────────────── 아무리 희미하고 낯설게 느껴지
고, 회피하려고 해도 우리 모두에게는 각자의 내면 아이가 존
재한다. 내면 아이는 자신의 일부이다. 내면 아이야말로 우리
의 진짜 모습, 즉 참 자아이다. 그런데도 대부분 내면 아이가
있는지조차 모르고 사는 이유는 뭘까? 우리는 부모나 다른 권
위적인 인물들, 또는 여러 단체들로부터 알게 모르게 자신의
내면 아이를 억누르거나 부인하는 법을 배우면서 자랐다.

어떤 형태로든 내면 아이를 억누르거나 부인할 경우, 우리의

중요한 일부분인 내면 아이는 제대로 성장하지 못한다. 내면 아이를 제대로 표현하지 못하면 진짜 자아는 숨어 버리고 거짓된 자아나 의존적인 자아가 나타난다.

나는 이 책에서 진정한 자아, 참 자아, 상위 자아, 내면 아이, 마음속 아이, 신성한 아이 등의 용어들을 번갈아 사용할 것이다. 내면 아이란 우리 내면에 있는 핵심적인 부분을 가리키는 말로, 한 문장으로 설명하면 '우리 자신이 있는 그대로 가장 진짜처럼 느껴지고, 활기 있게 느껴질 때의 자기 자신'을 말한다.

우리의 진정한 자아는 자연스럽고, 탁 트여 있으며, 애정이 넘치고, 자상하며, 대화도 잘 통한다. 또 자신과 다른 사람들을 있는 모습 그대로 받아들인다. 기쁨이든 고통이든 자신에게 느껴지는 감정을 있는 그대로 느끼며, 그 감정들을 자유롭게 표출시킨다. 진정한 자아는 어떤 비판이나 두려움 없이 자신의 감정을 받아들이고, 살면서 겪게 되는 여러 가지 일들을 합리적으로 판단하고 인식하는 감정들이 존재하게 만든다.

내면 아이는 표현이 자유롭고, 자기주장이 강하며, 창의적이다. 가장 상위의 의미에서 순수해질 수 있고, 성숙해질 수 있으며, 말 그대로 진화할 수 있다. 내면 아이는 놀면서 즐겁게 지내고 싶어 한다. 그러나 한편으로는 상처받기도 쉬운데, 이는 활짝 열려 있고 잘 믿기 때문이다. 또한 내면 아이는 자신과 다른 사람, 궁극적으로는 온 세상에 쉽게 굴복한다. 그러면서도 강력한 힘을 발휘한다. 건전한 의미에서 관대하며, 보살핌을 받고 성장하는 것에서 즐거움을 얻는다.

내면 아이는 무의식의 세계를 받아들이는 데 주저함이 없다. 무의식의 세계는 거대하고 불가사의하다. 보통 무의식의 세계에 두려움과 거부감을 느끼는데, 내면 아이는 거리낌 없이 열린 마음으로 우리의 일부인 무의식의 세계를 받아들인다. 그래서 꿈이나 고통, 질병 같은 무의식의 세계로부터 전달받는 메시지에 관심이 많다.

내면 아이는 진짜 존재하는 아이로 자유롭게 성장할 수 있다. 자신이 다른 사람들이나 세상과 일체감을 느끼는 존재임을 늘 기억하고 있으면서도 개인적이기도 하다. 그런데 우리는 왜 쉽게 개인적인 것을 공유하지 못할까? 다른 사람들에게 상처를 받거나 거절당할지도 모른다는 두려움 때문일 것이다. 우리가 다른 사람에게 참 자아를 드러내는 시간은 어림잡아 하루 평균 15분 정도라고 말하는 사람들도 있다. 이유가 무엇이든, 우리는 내면 아이라는 자신의 일부를 개인적인 것으로 지키고 싶어 한다.

우리는 진정한 자아의 모습일 때 살아 있음을 느낀다. 상처

진정한 자아	거짓된 자아
진짜 자아	진짜가 아닌 자아, 가면
참 자아	의존적인 자아, 겉모습
진실하다.	진실하지 않다, 자기가 아닌 다른 사람인 양 행동한다.
자발적이다.	계획을 세우고 애써 노력한다.
탁 트여 있고 애정이 넘친다.	위축되어 있고 불안해한다.
헌신적이고 대화가 잘 통한다.	주눅 들어 있다.
자신과 다른 사람들을 있는 그대로 받아들인다.	질투심이 많고, 비판적이며, 이상과 완벽을 추구한다.
배려심이 많다.	늘 다른 사람 위주여서, 남들을 지나치게 의식한다.
그때그때 느껴지는 적당한 수준의 자연스러운 분노를 포함해 자신의 감정을 솔직하게 표현한다.	오래 참고 있는 화를 포함해 자신의 감정을 부인하거나 감춘다.
무조건적인 사랑을 한다.	조건적인 사랑을 한다.
자기주장이 확실하다.	공격적이거나 수동적이다. 혹은 두 가지 성향이 있다.
직관적이다.	이성적이고 논리적이다.
내면 아이, 마음속 아이	지나치게 과장된 부모나 어른의 모습
어린아이처럼 순수해질 수 있다.	유치해 보일 수 있다.
마음껏 놀며 즐겁게 지내고 싶어 한다.	놀이와 즐거움을 피한다.
상처받았음을 인정한다.	늘 강한 척한다.
진정으로 강력하다.	한정된 힘만 발휘한다.
잘 믿는다.	잘 믿지 않는다.
보살핌 받기를 좋아한다.	보살핌 받기를 회피한다.
나와 타인의 차이를 인정한다.	타인을 지배하려 하거나 아예 물러난다.
관대하다.	독선적이다.
무의식의 세계에 개방적이다.	무의식의 세계를 차단시킨다.
늘 일체감을 갖는다.	일체감을 망각한다. 즉 소외감을 느낀다.
자유롭게 성장한다.	무의식중에 고통을 느끼는 생활 패턴을 반복한다.
개인적인 자아	대중적인 자아

나 슬픔, 죄의식, 분노 등의 형태로 고통스러울 수 있지만, 그럼에도 늘 살아 있음을 느낀다. 때로는 만족, 행복감, 황홀감 같은 형태의 즐거움을 느끼기도 한다. 결국 내면 아이를 통해 완벽하면서도 온전한 기분을 느낄 수 있다.

내면 아이는 태어난 그 순간부터 죽을 때까지, 그리고 그 시간을 살면서 갖가지 변화를 겪는 동안 자연스럽게 흘러간다. 내면 아이를 위해 뭔가 할 필요는 없다. 내면 아이는 원래부터 존재하는 것이어서 그대로 두면 자신의 존재를 자연스럽게 표현한다. 오히려 내면 아이의 존재를 알고 있으면서도 부인하거나 표현하지 않으려고 할 때 노력이 필요하다.

마음을 점령한
거짓된 자아

——————————— 때론 마음 한구석에서 불편하고, 긴장되고, 진짜가 아닌 기분을 느낄 때가 있다. 보통 거짓된 자아가 진짜 자아를 밀치고 마음을 점령할 때 그런 기분을 느낀다. 나는 이 책에서 거짓된 자아를 의존적인 자아, 진짜가 아닌 자아, 대중적인 자아 등으로 번갈아 사용했다. 다 같은 의미이므로 이름 자체에 큰 의미를 둘 필요는 없다.

거짓된 자아는 금지된 것이 많은 세상에 살고 있다고 느끼기 때문에 위축되어 있고, 두려움이 많으며, 참 자아를 은폐한다. 또한 무엇인가로부터 끊임없이 자기를 보호해야 하기 때문에 자기중심적인 모습을 보이거나, 불안을 달래기 위해 끝도 없이 계획을 세우고 노력하는 모습을 보이기도 한다. 그래서 거짓된 자아를 갖고 사는 사람들은 이기적이고 질투심이 많으며, 비판적이고 늘 누군가를 탓하며, 수치스러워하고 완벽한 모습을 추구하기도 한다.

또 거짓된 자아는 다른 사람들의 시선을 중요하게 생각하다 보니 다른 사람들이 바라는 자신의 모습에만 초점을 맞춘다. 정말 자기가 원하는 것보다는 다른 사람들이 원하는 쪽으로 끌려다닌다. 사랑도 조건에 맞을 때만 베풀고, 자신의 감정을 가리고 감추며 부인한다. 심지어 거짓으로 감정을 꾸미기도 한다. "잘 지내니?"라는 말을 들을 때마다 습관적으로 "그럼요." 라고 대답하는 것처럼 말이다. 이런 반응은 거짓된 자아를 인식하고 놀란 상태를 감출 때 나온다. 자기가 어떤 상태인지 모를 때, 혹은 자기가 느끼는 기분이 '나쁘다'고 질책하는 마음이 들 때 필요한 반응인 것이다.

진정한 자아는 적절한 선에서 자기주장을 확실히 펼친다. 반면, 거짓된 자아는 지나치게 공격적이거나 수동적이고 혹은 둘 다일 때도 있으며 또한 재미있고 즐겁게 지내는 것을 기피한다. 늘 강한 척하지만 사실 그 힘은 형편없는 정도이거나 아예 존재하지 않을 수도 있다. 실제로는 두려움에 차 있고, 아무도 믿지 못하며, 파괴적일 때가 많다.

거짓된 자아는 진정한 자아를 억압하고 통제해야 하기 때문에 스스로 성장하지 못한다. 포기하거나 굴복하는 법도 모르며 독선적이다. 또 무의식의 세계로부터 전달되는 정보를 늘 차단시키려고 애쓰면서도 무의식적인 행동을 되풀이한다. 그런 행동은 대개 유형이 정해져 있고 고통스러울 때가 많다. 다른 사람과 동질감을 느끼지 못하기 때문에 혼자 동떨어진 기분이 된다. 그리고 타인 위주로 생각하면서 그들이 원하는 모습이 되고자 노력하는 대중적인 자아이다.

거짓된 자아의 역할에 빠져 있으면 마음이 불편하고 공허하며 부자연스럽고 위축된 상태가 된다. 그러면 완벽하고 온전한 기분을 느끼지 못한다. 어느 수준에 이르러서는 뭔가가 잘못되었거나 놓치고 있다는 느낌이 들기도 한다. 역설적인 것은 우리 대부분이 거짓된 자아를 자연스러운 상태로 인식하고, '되어야 하는 존재'인 것처럼 느낄 때가 많다는 것이다. 그렇기 때문에 그런 자아의 모습에 집착하게 될 수도 있다. 거짓된 자아로 사는 것에 익숙해지면 진정한 자아는 뭔가 문제가 있는 것처럼 죄스럽게 느껴지고, 살아 있다는 기분도 느껴서는 안 될 것처럼 여긴다.

내면 아이를 부정하듯 사람들은 대부분 거짓된 자아도 부정한다. 하지만 누구에게나 내면 아이가 있듯이 거짓된 자아, 의존적인 자아도 누구에게나 보편적으로 나타날 수 있다. 거짓된 자아는 생존 수단이나 정신질환, 자기중심적 자아, 손상된 자아, 방어적인 자아 같은 여러 가지 이름으로 불린다. 거짓된 자아는 친밀한 인간관계에 파괴적으로 작용하기도 한다. 하지만 도움이 되는 부분도 있다.

찰스 핀의 시에는 거짓된 자아와 싸우는 모습이 잘 드러나 있다.

부탁이에요, 내가 하지 않은 이야기를 들어주세요

나에게 속지 마세요.
내 얼굴에 속지 마세요.
나는 수천 개의 가면을 쓰고 있답니다.
가면을 벗는 것은 너무나 두려운 일이에요.

나는 그중 어느 것도 아니랍니다.

가장은 제2의 나를 만드는 기술이지만

그것에 속지는 말아주세요.

부디 속지 마세요.

나는 당신에게

내가 늘 안전하고,

안팎의 모든 것이 환한 빛을 내며 평온하고,

자신감과 냉정함을 잃지 않고,

늘 순탄하게 모든 것을 잘 이끌어가고,

아무도 필요 없을 것 같은 인상을 주죠.

하지만 그런 나를 믿지 마세요.

나의 겉모습은 부드러워 보일지 모르나

그것은 내 모습을 감춰주는 다양한 가면일 뿐이에요.

그 밑에 안락함이란 없죠.

그 밑은 혼란스러움과 두려움, 외로움으로 가득해요.

하지만 난 그런 게 싫어요. 아무도 몰랐으면 좋겠어요.

나의 약점과 두려움이 드러나는 것은 생각만 해도 끔찍해요.

그래서 나는 뒤에 숨어 나를 감추고,

태연하고 세련된 얼굴을 하고,

다른 사람인 척하는 데 도움을 주고,

이 모두를 아는 듯한 눈으로부터 몸을 숨길

가면을 만드는 것에 광적으로 집착하죠.

하지만 그런 눈이야말로

나에게는 구원이자 희망임을 잘 알고 있어요.

그런 눈과 더불어 날 받아들여 주고

사랑이 뒤따른다면 말이죠.

그것이야말로 나 자신으로부터,

내 자신이 만든 감옥으로부터,

내가 그토록 공들여 세운 장벽으로부터

날 해방시킬 수 있는 유일한 길이랍니다.

그것이야말로 나 자신은 믿지 못하는 것과

내가 가치 있는 존재라는 것을

확신시켜주는 유일한 길이랍니다.

하지만 당신에게 이런 말을 할 수는 없어요.

감히 그렇게는 못해요.

너무도 두려워요.

당신이 이런 날 보면 받아 주지 않고

사랑해 주지 않을까 봐 두려워요.

당신이 날 제대로 생각해 주지 않을까 봐 두렵고,

당신이 날 비웃을까 봐 두렵고,

그 비웃음이 날 죽음으로 이끌까 봐 두려워요.

나는 정말 내가 아무것도 아닐까 봐 두렵고,

내가 아무 가치도 없을까 봐 두렵고,

이런 날 당신이 거부할까 봐 두려워요.

그래서 나는 게임을 하죠, 필사적인 가장 놀이 게임을요.

마음속에는 떨고 있는 아이의 모습을 감춘 채

겉으로는 자신감 넘치는 가면을 써요.

그래서 겉은 번드르르하지만 속은 텅 빈 가면을 쓴 채

가짜의 삶을 살아요.

나는 상냥한 말투로 공허한 이야기를 떠들어요.

모든 것을 다 말하지만 진짜인 것은 하나도 없죠.

내 안에 있는 것, 내 안에서 울리고 있는 것은 하나도 없죠.

그러니까 살아가는 동안

내가 하는 말들에 속지 마세요.

부디 잘 듣고 내가 하고 있지 않은 말들,

살아남기 위해서는 내가 할 수 없는 말들을

듣기 위해 애써주세요.

나는 숨기 싫어요.

나는 겉만 있는 가짜 게임은 하기 싫어요.

이제 그런 게임은 그만하고 싶어요.

나는 진짜의 나, 자연스러운 내가 되고 싶어요.

그러려면 당신의 도움이 있어야 해요.

내가 결코 바라지 않을 때에도 당신이 도와줘야 해요.

당신만이 내 눈에서 숨만 쉰 채 죽어 있는 텅 빈 눈동자를

걷어내 줄 수 있어요.

당신만이 날 살아 있는 세상으로 인도해 줄 수 있어요.

당신이 친절을 베풀고 자상하게 대해 주고

용기를 북돋아줄 때마다,

당신이 진심으로 염려하는 마음에서

날 이해하려고 노력할 때마다,

내 심장은 날개를 달고 자라기 시작해요.

무척이나 작고,

무척이나 연약하지만,

그래도 진짜 날개랍니다.

날 감동시켜 진정한 기분을 느끼게 하는 당신의 힘이야말로

나에게 숨을 불어 넣어 줄 수 있어요.

그것을 당신이 알아주었으면 해요.

당신이 나에게 얼마나 중요한 사람인지,

당신이 마음만 먹으면 어떻게

나라는 사람을 만들 창조자가 될 수 있는지

알아주었으면 해요.

당신은 혼자서도 내 앞의 벽을 허물어뜨릴 수 있어요.

나는 그 벽 뒤에서 떨고 있죠.

당신은 그러기로 마음만 먹으면 혼자서도,

공포와 불확실로 가득 찬 어둠의 세계에서,

너무도 외로운 나만의 감옥에서,

나를 끌어내 줄 수 있어요.

부디 그렇게 해주세요. 날 지나쳐 버리지 말아요.

당신에게도 쉬운 일은 아닐 테죠.

자신이 무가치한 존재라는 오랜 믿음은 단단한 벽을 만들어요.

당신이 나에게 가까이 다가오면 다가올수록

나는 더욱 맹목적으로 반격을 가할지도 몰라요.

이성적이지 않죠.

하지만 책들이 사람에 대해 뭐라 떠들건

나는 비이성적일 때가 많아요.

나는 내가 간절히 갈구하는 것에 맞서 싸워요.

하지만 사람들은 단단한 벽보다 사랑이 훨씬 강하다고 말하죠.

그리고 그 안에 희망이 있다고 해요.

단호하지만 부드러운

당신의 두 손으로

부디 그 벽들을 무너뜨려 주세요.

아이는 너무도 민감해서 쉽게 상처를 받는답니다.

난 누구일까요? 알고 싶나요?

나는 당신이 아주 잘 아는 사람이에요.

나는 당신이 만나는 모든 남자이자

당신이 만나는 모든 여자니까요.

Part 2

나의 내면 아이는
왜 울고 있을까

4장

욕구가 충족되지 못했을 때
일어나는 일들

내가 얻고 싶어
했던 것들

자신이 정말 원하는 것이 무엇인지 알기 위해서는 먼저 인간의 기본적인 욕구를 이해해야 한다. 인간이라면 누구나 욕구를 갖고 있다. 또 어떤 형태로든 욕구가 충족되어야만 행복하다고 느끼고, 내면 아이가 마음껏 성장할 수 있다. 자신이 지닌 잠재력을 마음껏 발휘하려면 인간이 기본적으로 느끼는 욕구를 먼저 충족시켜야 한다. 기본적인 욕구가 충족되지 못하면 자신의 욕구가 충족되지 않았다는 사실을 깨닫지도 못하고 혼란을 느끼며 불행한 기분에 빠져든다.

매슬로 등 학자들이 정의 내린 인간이 느끼는 기본적인 욕구를 바탕으로 나는 20가지 인간의 욕구 단계를 정리했다.

| 인간의 욕구 단계 |

1 생존의 욕구

2 안전의 욕구

3 신체 접촉의 요구

4 관심을 받고 싶은 욕구

5 반응을 바라는 욕구

6 지도받고 싶은 욕구

7 경청의 욕구

8 존재의 욕구

9 참여의 욕구

10 인정받고 싶은 욕구

11 상실을 슬퍼하고 성장의 기회로 삼을 욕구

12 지지받고 싶은 욕구

13 충실함과 신뢰에 대한 욕구

14 성취에 대한 욕구

15 기분 전환의 욕구, 일상을 초월하려는 욕구

16 성에 대한 욕구

17 즐거움에 대한 욕구

18 자유에 대한 욕구

19 돌봄에 관한 욕구

20 무조건적인 사랑(절대적인 존재와의 관계도 포함)에 대한 욕구

갓 태어난 아기는 많은 관심을 필요로 한다. 그래서 아기는 부모가 늘 곁에 있으면서 충분한 관심을 기울여 주어야 살아남을 수 있다. 생존과 안전에 대한 욕구는 가장 기본적인 인간의 욕구이다.

부모로부터 신체 접촉의 욕구를 채우지 못한 아이는 안전한 공간에서 충분한 음식을 섭취해도 육체적·정신적으로 제대로 성장하지 못한다. 엄마와 아이의 신체 접촉, 즉 스킨십은 피부와 피부가 적절히 맞닿는 것으로, 강력한 힘을 발휘한다.

신체 접촉이 얼마나 큰 힘을 갖고 있는지는 실험에서도 증명되었다. 토끼를 대상으로 동맥경화증을 유발하는 먹이를 주는 실험을 했는데, 한쪽 실험군은 실험실 직원들이 자주 안아 주고 어루만져 주었지만 다른 실험군은 그냥 내버려 두었다. 그 결과 똑같은 먹이를 먹었는데도 자주 안아주고 어루만져 준 토끼들은 대부분 동맥경화증이 나타나지 않았는데, 방치해 둔 토끼들은 대부분 동맥경화증이 나타났다.

아이와 마찬가지로 어른도 포옹하고 신체를 접촉함으로써 서로 연결되어 있고 관심받고 있다고 느낀다. 심리학자이자 가족치료의 선구자인 버지니아 사티어는 하루에 네 번에서 열두 번 정도는 포옹을 해야 건강할 수 있다고 주장하기도 했다.

관심을 받고 싶은 욕구

부모는 아이에게 충분한 관심을 기울여야 한다. 그래야 안전과 신체 접촉에 대한 아이의 기초적인 욕구가 채워진다.

반응을 바라는 욕구

아이뿐만 아니라 어른들도 감정을 느끼고 생각하는 존재임을 인정받고 싶어 한다. 이러한 욕구는 상대방이 반응을 보일 때 충족된다. 반응이란 엄마가 말이나 표정, 몸짓, 소리와 같은 움직임으로 아이에게 반응함으로써 아이의 뜻을 이해했음을 알려주는 것이다.

반응을 바라는 욕구는 생존과 안전의 욕구, 신체 접촉의 욕구, 관심받고 싶은 욕구와 더불어 인간의 가장 기본적인 욕구로 손꼽힌다. 만약 엄마가 이러한 기본적인 욕구들을 충족시켜주지 못하면 아이는 신체적·정신적으로 건강하게 성장하기 어렵다.

어떤 경우 엄마 자신이 너무 힘들다 보니 아이를 이용해 자신의 욕구를 만족시키기도 한다. 이런 상황에서 아이는 놀라운 모습을 보인다. 엄마가 뭔가를 바란다는 것을 감지하고, 심지어 무엇을 원하는지 구체적으로 알아내 그것을 채워주기 시작한다. 하지만 여기에는 큰 대가가 따른다. 정작 아이는 자신의 참 자아, 즉 내면 아이를 부정하고 억누르기 때문이다. 아이가 자랄수록 그 대가는 더욱 커져서 결국에는 신체적·정신적 고통과 질병으로 나타난다.

지도받고 싶은 욕구

아이가 제대로 발달하고 성장하도록 이끌어 주는 지도란 여러 가지 조언과 원조, 그리고 말로 하지 않는 여러 형태의 도움을 말한다. 바람직한 본보기가 되어 주고, 적절하고 건전한 인간관계 기술을 가르쳐 주는 것도 이에 포함된다.

경청의 욕구, 존재의 욕구, 참여의 욕구, 인정받고 싶은 욕구

누군가가 나에게 귀를 기울이고 있다는 것을 알면 욕구를 충족하는 데 많은 도움이 된다. 경청의 욕구는 활동에 적절하게 참여하는 것을 의미하고, 아이나 어른 모두 자신의 내면 아이가 인정받는다고 느낀다.

다른 사람의 참 자아를 알아보고, 진지하게 받아들이며, 존중할 줄 알아야 한다. 그 사람의 참 자아가 느끼는 감정을 존중하고, 인정하며, 너그럽게 대할 때 상대방은 자신이 받아들여지고 있다는 것을 깨닫는다. 그렇게 함으로써 내면 아이를 자유롭게 만들어 진정한 자아를 회복하고 바르게 성장할 수 있게 도와준다.

상실을 슬퍼하고 성장의 기회로 삼을 욕구

상실을 겪었다면 그 자체를 마음 아파하고 상실로 인한 고통과 괴로움을 겪을 시간이 필요하다. 상실로 인해 실제 아픔을 겪었든 그럴 우려가 있는 상태든 상관없이 말이다.

아픈 만큼 성숙한다는 말처럼 상실에 대한 슬픔이 마무리될 때 비로소 '성장'이라는 열매를 얻는다. 그 슬픔과 성장의 과정을 이 책에서 다루려고 한다.

지지받고 싶은 욕구

지지한다는 것은 부모나 친구가 나의 참 자아가 추구하는 것, 조언을 받는 것, 뭔가를 창조하는 것을 가로막지 않는 것이다. 또한 모든 방법을 동원하여 참 자아가 잠재력을 제대로 발휘할 수 있다고 믿도록 만들어 주는 것이다. 참 자아의 능력을 실현하는 데 도움이 되는 적극적인 행동이라면 무엇이든 지지에 포함된다.

충실함과 신뢰에 대한 욕구

누군가를 지지하려면 지지를 하는 사람이든 받는 사람이든 충실하고 신뢰할 수 있어야 한다. 인간관계에 문제가 생기면 다른 사람의 참 자아를 저버리게 될 수밖에 없다. 나의 내면 아이가 신뢰받고 있다고 느끼고 상대방을 믿을 수 있어야 바르게 성장할 수 있다.

성취에 대한 욕구

기본적인 차원에서 뭔가를 이루거나 달성하는 것은 '권한'이나 '힘', '통제력' 혹은 '통달할 수 있는 능력' 즉 사람이 어떤 업무를 완수할 수 있다는 믿음을 의미한다. 좀 더 높은 차원에서는 단순히 업무를 끝내는 것에 그치지 않고, 그 일이 완벽하게 마무리되었다는 것을 스스로 인식하는 것을 뜻한다. 성취는 자신이 뭔가 기여를 했으며 그 일에 특별한 의미를 부여했다는 기분을 느끼는 것이다.

어릴 때 문제 가정에서 자란 사람 중에는 일이나 프로젝트를 끝마치는 것을 힘들어하고 결정을 내리는 것조차 어려워하는 사람들이 많다. 이는 부모로부터 충분한 지지와 지도를 받으며 그렇게 하는 연습을 하지 못했기 때문이다.

그러나 힘든 어린 시절을 보냈어도 학업이나 직장 같은 곳에서 뛰어난 능력을 발휘하는 사람들도 있다. 하지만 이들도 인간관계 등에서는 계속 실패를 겪는 경우가 많다.

기분 전환의 욕구와 일상을 초월하려는 욕구

사람은 몽상을 하거나, 크게 웃거나, 운동을 하거나, 한 가지 일에 집중하거나, 잠을 자는 등 다양한 방법으로 주기적으로 기분을 바꾸고 싶어 하는 욕구를 가지고 있다. 이는 생물학적인 욕구이기도 하다.

성에 대한 욕구

성관계가 아니라 '성'을 포함한 다양한 의미를 뜻한다. 남자 혹은 여자라는 것에 스스로 만족하는 것, 성에 관한 여러 가지 면을 즐기는 것, 여성의 심리에 존재하는 남성성, 또는 남성의 심리에 존재하는 여성성을 발견하는 것 등을 모두 포함해서 말이다. 문제 가정에서 자란 경우 성 정체성과 기능, 성적인 즐거움에 혼란을 겪는 사람들이 많다. 그런 사람들은 공공연하게 또는 은밀하게 성적인 학대를 받았을 가능성이 크다.

즐거움에 대한 욕구

즐겁게 지내는 능력은 욕구이자 내면 아이가 갖는 특징이다.

문제 가정에서 자란 사람 중에는 편안한 상태에서 즐겁게 지내는 것을 어려워하기도 한다.

자유에 대한 욕구

위험을 감수하고, 탐험하고, 하고 싶은 것과 필요한 것을 하는 자유도 인간의 또 다른 욕구이다. 자유에는 늘 책임이 뒤따른다. 자발적인 행동은 건전한 경우가 많지만, 충동적인 행동은 바람직하지 못한 결과가 나올 때가 많다.

돌봄에 대한 욕구

돌봄에 대한 욕구는 누군가가 적절한 상황에서 지금까지 말한 욕구를 채울 수 있도록 해 주는 것이다. 그러나 돌봐 주는 사람은 돌볼 수 있는 능력을 갖춰야 하고, 욕구를 충족시키고자 사람은 무엇인가를 포기할 줄 알아야 한다. 이런 관계가 자연스럽지 않으면 여러 가지 문제가 생긴다. 부모를 돌보는 것은 아이가 해야 할 일이 아니다. 아이가 부모를 돌보는 일이 되풀이된다면 이것도 아동 학대나 방치라고 볼 수 있다.

무조건적인 사랑에 대한 욕구

무조건적인 사랑에 대한 욕구는 복잡하고 미묘하다. 뒤에서 자세히 설명할 것이다.

욕구 충족을
방해하는 사람들

──────────────── 욕구를 모두 충족하면서 자랄 수 있다는 건 크나큰 행운이다. 하지만 아무런 부족함 없이 욕구를 충족하면서 자랄 수 있는 사람은 많지 않다. 당연한 욕구를 부정하게 만드는 경우도 많고, 사회적 규범이나 도덕적 잣대에 눌려 욕구를 외면하는 경우도 허다하다.

아이의 욕구를 가장 세심하게 살피고, 아이가 욕구를 충족할 수 있도록 도와 주어야 하는 부모조차 제 역할을 하지 못하는 경우도 많다. 아이에게 있어서 부모는 절대적인 존재이다. 아이는 마땅히 부모의 도움을 받아 욕구를 충족할 권리가 있다. 만약 부모가 그 역할을 제대로 하지 않으면 부모의 눈치를 보고 자신의 욕구를 드러내는 대신 부모의 욕구에 부응하기 위해 애쓴다. 아이는 부모의 도움 없이는 살 수 없는 연약한 존재이기 때문에 본능적으로 살아남기 위해 부모의 비위를 맞추는 것이다. 그런 아이는 자신의 참 자아를 발달시키지 못하고, 지나치게 거짓된 자아나 의존적인 자아를 발달시킨다.

욕구를 충족하는 것은 아이들뿐만 아니라 어른들에게도 중요하다. 그런데 욕구를 모두 충족할 수 있게 도와 주는 부모나 배우자, 친구를 갖기란 힘들다. 아니, 찾을 수 없다고 하는 편이 더 정확하다. 아이의 욕구를 충족시키는 데 도움을 주는 역할을 해야 할 부모가 오히려 자신의 욕구를 채우는 데 급급한 모습을 보이는 것은 부모 또한 어려서부터 성인이 될 때까지 자신의 욕구를 충족시키지 못했기 때문이다. 자신의 내면 아이가 병들어 있어 다른 사람을 이용해 건전하지 못한 방식으로 자신의 욕구를 충족시키려고 하는 것일 수도 있다.

그토록 연약하고 무력한 아이를 이용해 자신의 욕구를 채우려는 부모의 모습을 상상하기란 힘들다고 생각될 것이다. 하지만 많은 가정에서 빈번히 일어나는 일이다. 5장에서는 그런 혼란과 퇴행, 잘못된 행동을 유발하는 부모와 가정의 조건들을 설명하겠다.

5장

무관심하고, 비판적이고, 큰 소리로 화를 내던 부모에게 받은 상처

문제 있는 부모,
가정을 불행하게 만든다

어린 시절에는 부모가 아이의 욕구를 충족시켜 주어야 한다. 만약 어릴 때 그러지 못했더라도 이제는 스스로가 자신의 내면 아이를 알아주고 치유하며 욕구를 충족시키는 법을 배울 수 있다.

술만 마시면 폭력을 휘두르거나 지나치게 엄격해서 조금만 잘못해도 벌을 주고 아이에게 무관심한 모습은 누가 봐도 아이를 사랑하는 부모의 모습이 아니다. 이런 부모 밑에서 자란 아이는 자신의 욕구를 채울 기회가 적을 수밖에 없다.

내면 아이를 억누르는 부모의 유형은 사실 단순지만은 않다. 부모도 자신이 아이의 욕구 충족을 방해하는지 모르고, 아이 또한 부모에게 문제가 있어서 자신의 내면 아이가 병들어가는지 인식조차 하지 못하는 경우가 많다.

차라리 누가 봐도 명백히 문제가 드러나면 울고 있는 내면 아이를 달래기 쉽다. 하지만 무엇이 문제인지 모르는 상황이라면 문제는 심각하다. 내면 아이를 울게 만드는 원인을 해결하지 못해 가뜩이나 아픈 내면 아이가 더 고통받을 수 있기 때문이다.

아이의 욕구 충족을 방해하고 내면 아이를 억누르는 부모를 좀 더 깊이 이해할 필요가 있다. 이런 과정은 아이를 건강하게 키우는 것뿐만 아니라 자신의 내면 아이를 달래는 데도 도움이 된다.

술에 의지하지 않고서는 생활이 불가능한 부모가 아이에게 나쁜 영향을 미친다는 것은 분명한 사실이다. 아이는 둘째치고 부모 자신에게도 치명적인 문제를 일으킨다. 술에 의존하는 사람들은 인간관계가 원만하지 못하거나 직장에서 업무를 제대로 수행하지 못해 어려움을 겪기 마련이다. 신체적·정신적으로 건강할 리도 없다. 건강이 좋지 못하거나 인간관계에서 마찰이 잦으니 안정적으로 일을 할 수 없고, 이로 인해 경제적으로도 어려움을 겪게 된다. 문제는 알코올의존증 환자 가정의 아이들이 부모가 알코올에 의존하고 있다는 것을 인식하지 못하는 경우가 많다는 것이다.

알코올의존증 환자 가정의 성인 아이 중 절반 정도가 부모의 음주 문제를 부인한다. 그리고 자신 또한 알코올의존증을 겪는 성인 아이 중 부모의 음주 문제를 인식하지 못하는 경우는 최고 90퍼센트에 달하는 것으로 나타났다. 이처럼 가정의 혼란을 야기하는 심각한 문제를 인식하지 못하면 가족들은 각자 자기 비난이나 죄의식을 느끼게 될 뿐 아니라, 파괴적이며 불필요한 불행에 빠져들게 된다.

| 문제 가정을 만드는 부모의 조건 |

알코올의존증

알코올 외 다른 약물 의존

상호의존증(신경증)

만성적인 정신질환과 제 기능을 상실한 신체질환

극도의 엄격함, 잦은 체벌, 비판, 사랑 없는 환경, 완벽주의, 무능력

아동 학대

외상 후 스트레스 장애와 연관된 기타 조건들

부모나 가족의 음주 상태가 의심스럽거나 궁금하다면 '가족 음주 실태 조사'에 답해보자.

중독이 의심되는 가족과 함께 살고 있지 않거나 그 사람이 사망한 상태라면, 여전히 같이 지낸다고 가정해 다음 질문에 답하면 된다.

가족 음주 실태 조사

1 가족 중에 술을 마시면 성격이 급변하는 사람이 있는가?

☐ 네 ☐ 아니요

2 그 사람은 당신보다 술을 더 중시할 거라고 생각하는가?

☐ 네 ☐ 아니요

3 술이 가족에게 미치는 영향 때문에 스스로 무기력해지거나 자기 연민에 빠지는 경우가 잦은 편인가?

☐ 네 ☐ 아니요

4 가족 중 누군가가 술을 너무 많이 마셔서 특별한 날을 망친 적이 있는가?

☐ 네 ☐ 아니요

5 가족 중 누군가가 술을 마시고 저지른 일을 숨기려고 한 적이 있는가?

☐ 네 ☐ 아니요

6 가족 중 누군가가 술을 마시는 것 때문에 본인이 죄의식을 느끼거나 미안하거나 책임을 느낀 적이 있는가?

☐ 네 ☐ 아니요

7 술을 마시면 싸움이나 말다툼을 벌이는 사람이 가족 중에 있는가?

☐ 네   ☐ 아니요

8 술을 마시는 사람과 같이 술을 마시고 싸우려고 해본 적이 있는가?

☐ 네   ☐ 아니요

9 가족 중 누군가의 음주 습관 때문에 우울하거나 화가 나는가?

☐ 네   ☐ 아니요

10 음주 때문에 가족이 경제적인 어려움에 처해 있는 상황인가?

☐ 네   ☐ 아니요

11 가족의 음주 때문에 가정생활이 불행하다고 느껴본 적이 있는가?

☐ 네   ☐ 아니요

12 자동차 열쇠를 감추거나 술을 쏟아 버림으로써 음주자의 행동을 제어하려고 시도한 적이 있는가?

☐ 네   ☐ 아니요

13 그 사람이 술을 마시는 것 때문에 본인의 책임을 다하지 못했다고 생각한 적이 있는가?

☐ 네   ☐ 아니요

14 가족 중 누군가의 음주 습관이 걱정스러운 경우가 많은가?

☐ 네   ☐ 아니요

15 가족 중 누군가가 술을 마시고 한 행동 때문에 휴가가 악몽이 되어버린 경우가 있는가?

☐ 네   ☐ 아니요

16 술을 마시는 가족의 친구들도 술을 많이 마시는가?

☐ 네   ☐ 아니요

17 가족의 음주를 숨기기 위해 동료나 친지, 친구들에게 거짓말을 해야 하는 상황이 있었는가?

☐ 네 ☐ 아니요

18 가족 중 누군가가 술을 마시고 있으면 본인이 평소와 다르게 반응하는 것을 느끼는가?

☐ 네 ☐ 아니요

19 술을 마신 사람의 행동 때문에 난처해지거나 본인이 대신 사과를 해야 한다고 생각한 적이 있는가?

☐ 네 ☐ 아니요

20 가족 중 누군가가 술을 마시면 본인이나 다른 가족의 안전에 위협을 느끼는가?

☐ 네 ☐ 아니요

21 가족 중에 음주 문제가 있다고 생각되는 사람이 있는가?

☐ 네 ☐ 아니요

22 가족 중 누군가가 술을 마시는 것 때문에 잠을 못 잔 적이 있는가?

☐ 네 ☐ 아니요

23 술을 마시는 가족에게 술을 끊거나 줄이도록 권해 본 적이 있는가?

☐ 네 ☐ 아니요

24 술을 마시는 사람 때문에 집이나 가족을 떠나야겠다는 생각을 한 적이 있는가?

☐ 네 ☐ 아니요

25 가족 중에 약속을 해놓고도 술 때문에 지키지 않는 사람이 있는가?

☐ 네 ☐ 아니요

26 자신을 이해해 줄 만한 사람에게 솔직하게 털어놓고 가족이 술 마시는 문제를 도와달라고 말하고 싶은 적이 있는가?

☐ 네 ☐ 아니요

27 가족이 술 마시는 것을 걱정하다가 토할 것 같거나 울거나 가슴이 턱 막힌 것 같은 기분을 느낀 적이 있는가?

☐ 네 ☐ 아니요

28 술 마실 때 있었던 일을 기억하지 못하는 가족이 있는가?

☐ 네 ☐ 아니요

29 술이 나오지 않는 모임에는 가지 않으려는 가족이 있는가?

☐ 네 ☐ 아니요

30 술을 마시고 나면 후회하며 자기가 한 행동을 사과하는 가족이 있는가?

☐ 네 ☐ 아니요

31 술을 많이 마시는 가족을 보면서 겪었던 신경 계통의 문제나 증상이 있으면 써 보시오.

위 질문 중 '네'라고 대답한 항목이 두 개 이상이라면 가족 중 음주 문제가 있는 사람이 있을 가능성이 크다. '네'라고 대답한 항목이 네 개 이상이라면 가족 중 음주 문제가 있는 사람이 확실히 있다고 봐도 무방하다.

자아를 잃어버리는 병, 상호의존증

──────────────────────── 부모나 가족이 술에 의존하는 사람인지를 인식하기도 쉽지 않지만, 상호의존증은 훨씬 더 복잡하고 미묘해서 웬만해서는 알아차리기 어렵다.

45세 카렌의 사례는 상호의존증이 얼마나 미묘하게 표출되는지를 보여준다. 그녀는 부모가 모두 상호의존증 환자였고, 그 안에서 자란 그녀도 상호의존증 환자가 되었다.

"알코올의존증 가정의 성인 아이가 보이는 특징들을 들었을 때 나와 비슷한 부분이 많다는 것을 알게 되었습니다. 그래서 우리 집안에도 알코올의존증 환자가 있는지 찾고 또 찾아봤지만 찾지 못했죠. 하지만 더 자세히 알아봐야 했어요. 부모님 두 분 다 상호의존 증세를 보였거든요. 아버지는 일 중독자였고 크게 성공도 하셨어요. 하지만 자신의 시간과 열정을 가족을 제외한 사람들과 함께 나누셨죠. 나는 아버지가 나에게 관심을 가져 주길 바랄 때마다 죄책감을 느꼈습니다.

자라는 내내 그분은 아버지로서 마땅히 있어야 할 자리에 있어 주지 않았죠. 어머니는 충동적으로 음식을 탐하는 분이었어요. 사실 그때는 알지 못했죠. 어머니도 나를 도와주는 분은 아니었어요. 부모님은 나 자신을 희생하고 다른 사람들을 기쁘게 해줄 사람으로 나를 훈련시켰습니다.

나는 두 번이나 알코올의존증 환자와 결혼했습니다. 그 사람들에게 초점을 맞추고 내 욕구는 등한시하면서 살다 보니 나 자신을 잃어가고 있다는 기분이 들었어요. 나는 사람들에게 '아니요.'라고 말하는 법을 몰랐습니다. 생활은 엉망이 되어갔고, 나는 과거에 배웠던 방법으로만 바로잡으려고 했죠. 그래서 더 열심히 일했고, 대학에 진학했으며, 엄청난 책임감을 짊어졌고, 충동적으로 많은 일거리를 만들어 몰입했어요.

나의 욕구는 더욱더 모른 척했죠. 그러다 우울증 증세가 나타났고 점점 악화되었어요. 결국 수면제를 과다 복용하는 일까지 벌어졌습니다. 밑바닥까지 떨어진 거죠.

절망에 빠져 있던 나는 알코올의존증협회에 전화를 걸었습니다. 거기서 알코올의존증 환자 가족 모임에 나가 보라는 말을 듣고 그렇게 했어요. 나는 날마다 모임에 나갔고, 그 모임을 좋아하게 되었어요. 6년이나 지난 지금도 일주일에 한 번은 그 모임에 나갑니다. 또 2년 반 동안 그룹 치료를 받았고, 몇 달간 개인 치료도 받았어요. 정말 많은 도움이 되었습니다. 돌이켜 보면 그 회복 프로그램은 정신적·감정적인 면뿐 아니라 영적인 면에서도 큰 도움이 되었다는 생각이 들어요.

나의 가장 큰 문제는 어머니와의 관계였어요. 나는 늘 다른 사람이 나에게 원하는 감정과 삶의 방식대로 살아야 했죠. 그러다 보니 진짜 나의 감정은 느끼지도 못하고 나의 삶이라는 것 자체가 없었습니다. 늘 다른 사람을 보며 내가 어떻게 느끼고 살아야 할지를 알아보려 했어요. 그 때문에 어머니한테 화가 났고, 또 그런 어머니에게 동조하면서 내가 필요할 때마다 제 자리에 있어 주지 않은 아버지한테도 화가 났습니다. 거기다 내가 선택한 두 명의 남편까지도 나도 모르는 사이에 그런 행동을 되풀이하게 만들었죠. 지금은 그런 상태에서 회복되어 얼마나 기쁜지 모른답니다."

카렌의 이야기에서 알 수 있듯이 상호의존증은 자아를 잃어버리는 병이다. 이는 악순환을 일으켜 우리의 참 자아, 즉 내면 아이를 억누르게 만든다. 다른 사람의 욕구나 행동을 지나치게 중시함으로써 고통을 겪거나 제 기능을 다하지 못한다면 상호의존증이라고 정의내릴 수 있다. 상호의존증 환자는 자신이 중요하다고 생각하는 사람에게 지나치게 몰입하거나 집중한 나머지 자신의 참 자아는 돌보지 않는다. 심리 치료사 쉐프가 저서 《상호의존증Co-Dependence》에서 언급한 것처럼 상호의존증은 사람을 '살아 있지 않은' 상태로 만들고 그 상태를 계속 악화시키며 혼란과 고통을 유발하는 가장 흔한 원인 중 하나이다. 상호의존증이라는 병명 자체는 생소하겠지만, 그 증세는 일반 사람들에게 널리 퍼져 있다. 또한 알코올의존증을 포함하여 앞에서 언급한 문제 가정을 만드는 부모의 조건들과 관련되어 있으며, 그 조건들을 악화시키고 모방하기도 한다.

상호의존증은 자신의 의견과 감정, 반응을 억제하는 것으로 시작된다. 이런 것들은 자기 내부에서 보내는 매우 중요한 신호이지만, 다른 사람들(대개 부모인 경우가 많다) 심지어 자기 자신조차도 묵살하고 만다. 다른 사람의 욕구에 지나치게 초점을 두기 때문에 자신의 욕구는 돌보지 않으며, 그렇게 함으로써 자신의 내면 아이도 억누른다.

하지만 그러면서도 여러 감정을 느끼며 상처를 받는다. 자신의 감정을 끊임없이 억누르기 때문에 정신적인 고통에 점점 무감각해질 때가 많다. 또한 감정을 억제하다 보니 날마다 겪는 상실을 슬퍼하지 못하고 결국은 성장할 수 있는 기회를 갖지

1 삶을 고통스럽게 만드는 학습된 행동과 믿음. 감정들에 지나치게 의존하는 행동 유형. 다른 사람이나 자기 외의 것에 의존하기 때문에 자신의 자아는 정체성을 거의 상실할 만큼 도외시한다(웩샤이더 크루즈^{Wegscheider-Cruse}).

2 사람이나 물건에 지나치게 의존하거나 집착하는 것. 타인에 대한 의존은 결국 병적인 상태가 되어 그 사람의 인간관계에 해로운 영향을 끼친다.
  알코올의존증 환자와 사랑하는 사이거나 결혼한 사람, 부모나 조부모 중 한 명 이상이 알코올의존증 환자인 사람, 정서적으로 억압된 가정에서 자란 사람은 이렇게 될 가능성이 크다. 이것은 매우 심각한 병으로 알코올의존증 환자가 있는 가정이라면 모든 가족이 갖고 있는 병이다(웩샤이더 크루즈^{Wegscheider-Cruse}).

3 알코올의존증 환자와 같이 살거나, 같이 일하거나, 밀접하게 연관된 사람에게 나타나는 나쁜 건강 상태와 문제 행동 혹은 부적응 행동이다. 이는 한 개인뿐 아니라 가족과 지역 사회, 직장, 각종 기관 그리고 사회 전체에 영향을 미친다(찰스 화이트필드^{Whitfield}).

4 자신이나 다른 사람과의 문제를 솔직하게 의논하지 못하는 것은 물론, 자신의 감정도 자유롭게 표현하지 못하게 하는 억압적인 규칙들에 지속적으로 노출된 결과 발달된 정서적·심리적·행동적 유형이다(서비^{Subby}).

5 많은 형태와 표현법을 갖고 있는 질병으로 병적인 진행(나는 그것을 '중독 과정'이라고 부른다)의 결과 생기는 병이다. 중독 과정은 불건전하고 비정상적인 병적 과정으로 추측, 신념, 행동, 영적인 자각 능력의 결핍이 살아 있지 않은 상태로 진행되어 악화된다(쉐프^{Schaef}).

못한다. 이 모든 것들은 정신적·정서적·영적인 측면의 성장과 발달을 가로막는다. 그렇지만 우리는 자신의 참 자아와 접촉하고 그것을 알고 싶은 욕구를 갖고 있다. 충동적인 행동 같은 순간적인 해결책은 참 자아를 잠깐이나마 느끼게 해주고 긴장을 약간 해소시켜 주기도 한다.

그러나 그런 충동적인 행동이 자신이나 다른 사람들에게 파괴적인 영향을 준다면 수치심을 느끼게 될 것이고 자존감을 잃을 수도 있다. 이쯤 되면 점점 더 자신을 통제할 수 없다는 생각이 드는 한편, 자신을 더욱 확실히 통제해야겠다는 욕구를 가짐으로써 그런 상태를 보상하려 든다. 그러다 결국에는 자신을 속이고, 상처를 받으며, 자신의 고통을 다른 사람에게 투사하는 사람이 되고 만다.

또한 긴장 상태가 심각한 수준에 이르면 스트레스와 관련된 질환이 고개를 들고, 신체 기능에 장애가 생기기도 한다. 여기서 더 악화되면 감정 기복이 극단적으로 심해지고, 친밀한 인간관계를 맺기 힘들어지며, 만성적인 불쾌감에 시달린다. 알코올의존증이나 그 밖에 다른 질병으로부터 벗어나고자 하는 사람들에게 상호의존증은 심각한 문제가 된다.

상호의존증 진행 단계

1 자신의 의견이나 감정, 반응 같은 내부의 신호를 외면하거나 억누른다.

▼

2 자신의 욕구를 등한시한다.

▼

3 내면 아이를 억누르기 시작한다.

▼

4 가족이나 그 밖에 다른 비밀을 부인한다.

▼

5 정신적인 고통에 점점 무뎌지고 무감각해진다.

▼

6 상실을 슬퍼하는 경험을 통해 성장하지 못한다.

▼

7 성장(정서적·영적)이 가로막힌다.

▼

8 고통을 줄이고 잠깐이라도 내면 아이를 보기 위해 충동적인 행동을 한다.

▼

9 점점 더 수치심을 느끼고 자존감을 상실한다.

▼

10 통제력을 잃고 있다는 기분을 느끼고, 그럴수록 더욱 통제하려 든다.

▼

11 혼란을 느끼고 고통을 투사한다.

▼

12 스트레스성 질환이 발생한다.

▼

13 충동적인 상태가 더욱 악화된다.

▼

14 더욱 악화된 증세가 나타난다.
· 감정의 기복이 극단적일 만큼 심하다.
· 친밀한 인간관계를 맺기 힘들다.
· 만성적인 불쾌감에 시달린다.
· 알코올의존증이나 다른 질병에서 회복하는 데 장애가 된다.

부모와 자식 간의 관계가 아니더라도, 상호의존증 환자와 함께 살거나 가까이 지내면 누구든 영향을 받을 수 있다. 상호의 존증은 어떻게 보면 우리 사회에서 중요시하는 '배려'와 닮은 부분이 많아 문제라고 생각하지 못하는 사람들도 많다. 그러나 자신의 욕구보다 다른 사람의 욕구를 우선하며 살다 보면 내면 아이, 다시 말해 참 자아는 계속 억눌려 병이 들 수밖에 없다. 다행히 지금은 상호의존증 환자를 위한 프로그램이 개발되어 수많은 사람들이 고통에서 벗어날 수 있도록 도와주고 있다.

오랜 시간
우울했던 이유

———————————————— 자녀를 사랑하는 부모라도 만성질환에 시달리다 보면 본의 아니게 아이에게 소홀해질 수 있다. 몸이 아프면 자녀를 잘 보살피고 싶어도 마음처럼 되지 않는 건 당연하다. 항상 아픈 부모와 사는 아이들은 철이 일찍 들게 마련이다. 부모를 대신해 집안일도 하고, 동생들을 챙기는가 하면, 부모로부터 보살핌을 받아야 할 나이에 거꾸로 부모를 보살피기도 한다. 그런 아이들은 일찌감치 아이다운 즐거움을 만끽할 자유를 박탈당한 채 자라기 때문에 내면 아이가 제

대로 성장할 수 없다.

56세의 바바라도 그런 사람 중 하나이다. 그녀는 결혼해서 네 명의 자녀를 두고 있으며 전문직에 종사하고 있다. 남들이 보면 남부러울 것 하나 없는 사람처럼 보이지만 실상은 다르다. 그녀는 아주 어릴 때부터 우울증에 시달리며 고통스러운 삶을 살아왔다. 견디다 못해 4년 전에 전문 치료 기관에 도움을 청했고, 치료를 받으면서 비로소 왜 자신이 그토록 오랜 세월 우울증을 앓았는지 알게 되었다.

"치료를 받는 동안 어머니도 거의 평생 만성 우울증 환자로 살았다는 것을 알게 되었어요. 내가 20대 중반이었을 때 어머니가 날 데리고 어떤 남자를 만나러 갔던 일이 기억납니다. 그 사람은 어머니가 바람을 피웠던 남자였어요. 나는 그 사람하고 어울리는 것이 무척이나 싫었습니다.

아버지는 너무나 차가운 분이었고 어머니한테나 나한테 늘 멀찌감치 떨어져 있던 분이었어요. 나중에 어머니가 수면제 과다 복용으로 병원에 입원했을 때에야 비로소 아버지가 결혼 생활 내내 성적으로 무능했다는 것을 알게 되었죠. 물론 그것은 가족의 비밀이었어요. 나는 아버지와의 거리감도 어머니의 만성적인 우울증도 다 내 잘못이라고 생각했어요. 내가 기억하는 한 그래요. 그리고 엄청난 수치심과 죄의식을 느꼈죠. 어 렸을 때 나는 매사에 순종적이고 열심히 공부하고 엄마의 관 심에 최선을 다하는 것으로 살아남을 수 있었습니다.

나는 돌보는 사람의 역할을 떠맡게 되었어요. 10대 때에는 도 서관에 가서 아버지와 어머니의 치료에 도움이 되는 책을 찾 기 위해 심리학 관련 책들을 닥치는 대로 읽었습니다. 심리 치 료와 자아 성찰을 통해 나의 상태가 치유되어 가는 동안 내가 어머니와 끈끈하게 이어져 있고 두 사람의 경계도 없을 만큼 합쳐져 있다는 것을 알게 되었어요. 나는 말 그대로 아침마다 어머니의 기분을 확인하고 나서야 내 기분이 어떤지 알 수 있 었습니다.

또한 아버지의 냉담함과 부재는 내가 착한 아이이든 열심히 공부하든 그런 것들과는 아무 상관이 없다는 것을 알게 되었 어요. 그것은 아버지의 문제였죠. 저는 더 이상 희생자가 되어 서는 안 된다는 것을 깨달았습니다. 그때부터 기분이 조금씩 좋아졌고 생활도 점차 나아졌어요. 나는 지금도 과거의 문제 에서 자유로워지기 위해 끊임없이 노력하고 있습니다."

전문적으로 도움을 받기 시작한 후 바바라는 문제 가정에서 자라면서 참 자아가 겪은 고통을 깨달았고, 지금은 회복의 길을 걷고 있다.

깨닫지 못했던
깊은 외로움

──────────── 참 자아가 억눌린 채 살아가는
사람들이 많지만, 가정이 갖고 있는 문제의 본질은 쉽게 파악
되지도 않고 그 수준을 가늠하기도 어렵다. 가족 중에 알코올
의존증이 상당히 진행된 사람이 있다면 겉으로 확연히 드러나
기 때문에 비교적 쉽게 알 수 있으나, 상태가 그렇게 분명하지
않은 경우는 파악하기가 어렵다.

알코올의존증처럼 문제가 분명하게 드러나지 않지만 자녀를
고통스럽게 만드는 부모들도 많다. 그런 가정에서 자란 아이에
게는 심각한 트라우마가 남는다. 문제가 있지만 무엇이 문제인
지 분명하게 드러나지 않는 가정에서 자란 사람들은 우리 생각
보다 훨씬 많다.

캐시는 32세 여성으로 가족 중에 알코올의존증 환자가 없었
는데도 성인 아이 치료 모임에 참여했다. 그녀는 문제 가정이
나 역기능 가정dysfunctional family(알코올중독, 일중독, 외도 등으로 인

해 부모가 아동을 지속적으로 방치 또는 학대하는 가정)에서 자란 성인 아이 혹은 트라우마를 지닌 성인 아이의 전형적인 모습을 보여 주었다. 그녀의 생활과 고통은 알코올의존증 환자 가정에서 자란 사람들과 비슷한 점이 많았다. 치료가 중간 단계쯤 되었을 때 그녀는 자신의 삶에 대해 다음과 같은 글을 썼다.

"부모님은 평생 다른 사람들의 시선을 기준으로 사신 분들이었어요. 겉으로 보기에 우리 집은 완벽한 가정 그 자체였고 늘 따뜻한 모습으로 서로를 대했죠. 부모님은 내게 인자한 미소를 지으며 다정하게 농담을 건넸어요. 하지만 어디까지나 다른 사람들이 있을 때만 그런 모습을 보였습니다. 집에 있을 때의 부모님은 아주 달랐습니다. 아버지는 항상 말도, 행동도, 기분도 위축되어 있었고, 어머니는 관심을 좀 보이라며 소리를 질러대곤 했어요.

나는 늘 뭔가를 준비하는 상태, 또 만반의 태세를 갖추고 있어야 했어요. 집안이 어질러져 있으면 언제든 치울 준비가 되어 있어야 했죠. 사실은 집안일을 할 때 가장 행복했어요. 나한테 역할이 생긴 거였으니까요. 그리고 다음에 해야 할 일, 그러니까 어머니를 편하게 해줄 수 있는 일들을 생각하면서 긴장을 억제하는 법을 배웠어요. 또 스트레스를 줄이기 위해 아무도

하려 하지 않는 일들을 하곤 했죠.

아버지는 거의 집에 있지 않았고, 간혹 집에 있을 때는 잠만
잤습니다. 차라리 외출하는 편이 더 나았어요. 아버지를 떠올
리면 거리감밖에 생각나지 않아요. 말이나 행동으로 학대하
지 않았지만, 늘 그분이 무서웠어요. 나는 아버지한테 중립적
인 감정을 가졌던 것에 반해 어머니에 대해서는 아주 강렬한
감정을 갖고 자랐습니다. 어머니를 귀찮게 하지 않고, 문제를
일으키지 않고, 나에게 바라는 모습을 예상하면서 어머니를
돌봐드렸어요. 그러다 나중에는 아버지와 나 사이에 거리를
만든 어머니에 대해 강렬한 증오가 생겨났습니다. 어른이 되
어서도 나는 어머니를 기쁘게 해드리고 싶은 마음과 나에 대
한 어머니의 바람을 거역하고 싶은 충동 사이에서 갈팡질팡
했어요.

6남매 중 다섯째였던 나를 가끔 아버지는 몰라보곤 했어요. 아
버지는 일 중독자였고 늘 집 밖에서 지냈으니까요. 어머니는
매사에 충동적이었습니다. 요즘 나는 아버지에 대한 내 감정
이 무엇이었는지 알아보고 있는 중입니다. 나는 아무도 날 보
지 않기를 바라면서도, 동시에 누군가가 관심을 가져주길 원
하면서 살았던 것 같아요. 나는 늘 몸이 뚱뚱했고, 살을 빼기
위해 노력했지만 사람들 눈에 어떻게 비추어질지 몰라 두려워

숨으려고만 했어요.

고등학생이 되어서도 조용하게 지냈죠. 집에 있으면 안전하다고 생각했어요. 집을 떠나는 것은 내가 바라는 것이 아니라고 생각했습니다. 형제들이 운동이나 연구, 웅변 같은 것을 하러 다니는 것도 좋아하지 않았어요. 이런 생활은 대학생이 되어서도 마찬가지였습니다. 대학에서도 안전하게 보호받을 수 있는 장소를 찾지 못했고, 몸무게도 심각한 상태였습니다. 대학을 세 군데나 다녔지만 결국 2년 만에 그만두고 말았어요.

어른으로서의 삶은 말 그대로 생존을 위한 것이었습니다. 나한테는 사람과의 관계를 만들고 유지할 수 있는 능력이 없었어요, 만나는 남자마다 헤어지기 일쑤였고, 같은 방을 쓰는 친구도 여러 번 바뀌었습니다. 성격적인 문제 때문에 상사와 문제를 일으키기 시작하면서 직장을 여러 차례 옮겨야 했어요.

나는 무의식적으로 가족으로부터 멀어지려고 했습니다. 일부러 폭식을 해서 몸무게를 늘렸고, 어머니가 바라는 사람과 정반대인 남자들하고 데이트를 했죠. 또 '독립적으로 생각하고 있다'는 것을 드러내기 위해 담배를 피우고 술을 마셨어요.

나는 늘 우울했고 고립감을 느꼈으며 충동적으로 폭식을 했고 다시 다이어트를 했습니다. 나는 뭐든 다 갖고 있고, 누구의 도움도 필요 없는 사람으로 남들이 생각해 주길 바랐습니다. 하지만 속으로는 절실하게 다른 사람의 관심을 받고 싶어 했어요. 그러다 친구가 생기면 친구가 내 욕구를 다 채워주기를 기대했죠.

3년 반 전 식이장애 때문에 마음이 황폐해질 대로 황폐해진 나는 익명의 과식자들 모임에 나가기 시작했어요. 그 후로 거의 1년 동안 폭식을 하지 않게 되었습니다. 또 알코올의존증 환자 가정의 성인 아이를 위한 치료 모임에도 나가기 시작했는데, 과식자 모임처럼 제게 꼭 맞는 모임이라는 생각이 들어요. 다들 나 같은 사람이었고, 그 사람들과 비슷한 부분이 많았죠. 하지만 나는 곧 회복 과정이 너무도 고통스럽다는 것을 깨달았어요. 알코올의존증 환자 모임은 1년 전쯤 시작해 지금은 일주일에 한 번씩 나가고 있습니다.

6개월 동안 나는 아무런 감정도 느끼지 못했어요. 인식을 못한 거죠. 하지만 다른 회원들이 그때그때 일어난 사건들에 대해 감정을 느끼고 그 감정을 인식하면서 과거에 너무도 고통스러웠던 일들을 다시 경험하는 모습을 보았습니다.

마침내 나는 사람들에게 나를 알리기로 결심했어요. 폭식을 피하려는 마음에서였어요. 나는 그 모임이 내 가족들은 해주지 못한 것을 계발시키고 다시 경험하게 해주는 안전한 가정이라는 생각이 들기 시작했습니다. 여전히 두려웠고 모임에서 보내는 시간과 사람들이 보여주는 완전한 관심이 무가치하게 여겨지기도 했지만, 나는 점점 솔직하게 사람들과 교류하기 시작했어요.

모임이 있을 때는 물론, 모임이 없을 때도 자주 사람들을 만나 솔직하게 마음을 털어놓으면서 서서히 자존감이 생겨났습니다. 마음을 열기로 결심한 나는 나에게도 감정이 존재한다는 것을 알게 되었고, 그 감정들을 표현하기 시작했어요. 사람들과의 관계에서, 또 내가 어떻게 보일까 걱정하는 마음에서 보여주었던 파괴적인 행동들도 점차 사라졌어요. 그리고 나 자신이 존재하는 것만으로 가치가 있다는 것을 알게 되었죠. 나는 집에서 보이지 않는 존재처럼 자라는 것이 어떤 것인지 사람들에게 말해 주었습니다.

내 이야기를 솔직하게 털어놓으면서 나는 자유로워지는 것을 느꼈어요. 나 자신에게 솔직해지는 것이야말로 회복에서 가장 중요한 과정이었지만, 자아에 대한 개념이 없는 상태에서 치료를 시작했기 때문에 힘들 수밖에 없었죠. 나 같은 경우는 나 자신에게 권리가 있다는 것을 희미하게나마 알게 되는 데도 한참 걸렸어요. 건강한 자아를 만드는 데는 오랜 시간이 걸렸고, 여러 가지 감정을 겪어야 했어요. 하지만 그룹 치료를 통해 한 번에 한 가지씩 차근차근 해나갔답니다."

남을 지나치게 의식하는 부모는 대개 극단적일 만큼 아이에게 엄격하고 체벌을 자주하며 비판적이고 완벽을 추구한다. 그리고 아이들을 포함해 다른 가족 구성원들과도 사랑이 없는 냉담한 관계를 맺는다. 또 아이들의 정신적·정서적·영적인 욕구를 채워 주지 못한다.

이런 상태나 조건들은 가정 안에서 미묘하게 감춰져 있는 경우가 많다. 자조 모임이나 그룹 치료, 개인 상담, 믿을 수 있는 사람들의 이야기를 경청하고 자신의 경험을 나누는 성찰의 시간 등 구체적인 회복 과정을 거쳐야 인식할 수 있을 만큼 깨닫기가 어렵다. 이런 가정은 겉으로는 문제 가정이나 역기능 가정으로 보이지 않고 오히려 정상적이고 건강한 가정처럼 보이는 경우가 많다.

보이지 않는 아동 학대

———————————————— 도대체 작고 어린아이를 어떻게 저렇게 때렸을까 싶을 정도로 아이에게 폭력을 행사하는 부모들이 있다. 또한 자기 자식을 성적으로 학대하는 부모의 이야기도 심심치 않게 뉴스에 오르내린다. 이는 고민할 필요도 없

이 명백한 아동 학대이다. 하지만 부모 자신조차 그것이 아동 학대인 줄 모르고 아이에게 고통을 주는 경우도 많다. 실제로 아동 학대는 교묘하고 복잡한 형태로 진행된다.

아동 학대는 흔히 생각하는 것보다 훨씬 범위가 넓다. 예를 들어 성적 학대에는 부모가 바람을 피우는 것, 성적인 경험이나 농담을 무신경하게 말하는 것, 아동이나 청소년의 신체 일부를 만지는 행위, 불필요하게 성적 자극을 일으키는 행동 등이 모두 포함된다. 이런 식의 학대는 뿌리 깊은 죄의식과 수치심을 유발시키고, 이러한 불편한 감정들은 스스로 의식하지 못하는 상태로 어른이 되어서까지 영향을 미친다.

정서적 학대도 미처 의식하지 못한 채 행해지는 경우가 많다. 아이들은 충분히 감정을 경험하고 표현하면서 살아야 건강하게 자랄 수 있다. 그런데 부모들은 자기도 모르는 사이에 아이들의 감정을 억제하고 학대한다.

예를 들어 아이가 친구와 싸우고 화가 잔뜩 나 있을 때 "친구하고 사이좋게 지내야지. 그렇게 화를 내면 되니?"라고 말했다면 정서적 학대를 한 것이다. "너는 남자니까 씩씩해야 해.", "여자애가 그렇게 큰 소리로 웃으면 안 돼."와 같은 말도 다 정서적 학대에 해당된다.

영적인 학대는 논란의 여지가 많고 잘 언급되지도 않지만 엄연히 존재한다. 아이를 무신론자 혹은 광신자로 키우는 것을 학대라고 말할 수 있지만, 어떤 사람들은 그렇게 생각하지 않을 수도 있다. 또 진노하는 신의 모습을 강하게 심어 주거나, 죄책감이나 수치심을 불러일으키거나, 다른 교파나 종파는 나쁘고 열등하다는 것을 교묘하게 가르치는 경우도 있다. 우리의 참 자아를 억누르는 요건들은 이것 말고도 다양하다.

내면 아이를 억누르는
사람들의 공통점

———————————— 문제 가정의 부모는 대개 어느 한 가지 문제만 갖고 있지 않다. 예를 들어 알코올의존증 부모는 아이를 때리거나 욕설을 퍼붓는 아동 학대를 함께 하는 경우가 많고, 만성질환을 앓고 있는 부모는 아이에게 무관심하거나 냉정한 모습을 보이기도 한다.

내면 아이를 억누르는 부모들의 모습은 상당 부분 닮았다. 그들은 일관성 없이 예측할 수 없는 독단적이고 혼란스러운 행동을 하고 다른 사람을 정신없게 만들어 버린다. 이런 특성들이 독단적인 행동과 함께 작용하면 아이는 사람을 믿지 못하거나 버려질까 봐 두려움을 갖게 되고 만성적인 우울증에 시달리기도 한다.

문제 가정이나 역기능 가정에서 나타나는 특징을 살펴 보겠다. 하나의 가정에서 모든 특징이 전부 나타나는 것은 아니다.

일관성 결여

많은 문제 가정을 보면 일관성이 결여되어 있는 것을 확인할 수 있다. 그러나 그렇지 않은 경우도 있다. 가족 모두가 자신의 감정을 일관적으로 부인하고 가족의 비밀을 한 가지 이상 감추고 있을 때는 일관성을 유지하기도 한다. 엄격한 분위기의 문제 가정은 일관적이고 예측도 가능하다. 그런 특성들이 너무 지나치면 가족과 개인의 성장을 억제하고 차단한다.

예측 불가능성

문제 가정의 문제는 예측 불가능하다는 것만 예측할 수 있다는 점이다. 의식하지 않고 다른 사람들에게 얘기하지 않아도 무슨 일이 일어날지, 또 언제 일어날지 예측하기도 한다. 그들은 언제 또 고통받을지 몰라 걱정하며 마치 살얼음판을 걷는 것처럼 만성적인 두려움 속에서 생활한다.

독단적인 행동

독단적인 행동이란 문제가 있는 사람이 가족 중 누구에게든, 그가 어떤 노력을 보이든 상관없이 계속 같은 방식으로 괴롭히는 것을 말한다. 가정에서 정한 규칙이 일관성이나 타당한 근거가 없으면 아이는 부모와 자기 자신에 대한 신뢰를 잃어버린다. 더 나아가, 자신이 속한 환경도 이해할 수 없게 된다. 덜 엄격한 가정이 덜 독단적일 수는 있지만 그런 가정도 여전히 문제가 있고, 가족에게 고통을 준다. 부모가 특히 엄격하게 생각하는 부분에 대해 독단적인 경우가 많다.

혼돈

혼란스러운 상황에는 다음과 같은 경우가 포함된다. 첫째, 신체적·정신적으로 아이를 학대하면서 수치심과 죄의식을 가르치고 감정을 느끼지 못하게 한다. 둘째, 성적으로 학대하면서 수치심과 불신감을 불러일으키고 자제력을 잃는 것을 두려워하게 만든다. 셋째, 반복적으로 위기 상황을 만들어 인생이란 위기 속에서 돌아간다고 가르친다. 넷째, '말하지 마라', '진실해지지 마라', 또 부정하는 법을 가르침으로써 의사소통을 단절시킨다. 다섯째, 통제력을 잃는 모습을 보임으로써 통제력을 유지하는 것, 경계나 개성이 없어지는 것에 강박관념을 갖게 만든다.

역기능 가정은 보통 혼란스러운 경향이 있지만, 드러나지 않는 경우도 많다. 혼돈도 표현 방식이 미묘하기 때문이다. 꼭 눈에 보일 만큼 과하게 혼란스러워야 내면 아이를 억누르는 것은 아니다. 그보다는 혼란이 일어나리라는 위협, 그것이 위기에 관한 것이든, 학대를 받게 될 위협이든, 다른 가족이 학대당하는 것을 보게 될 위협이든 상관없이 순간적인 위협만 있어도 그 영향은 파괴적이다.

위협은 마음속에 두려움을 만들기 때문에 솔직하고 창의적으로 사는 것을 가로막는다. 솔직하고 창의적으로 살지 못하면 자신의 이야기를 발견하고 탐험하고 완성할 수 없으며, 성장하고 발전하지 못한다. 마음의 평화도 얻을 수 없다. 실제로 일어나든 위협에 그치든 상관없이, 늘 혼돈 안에 있는 가족은 그것을 일상적이고 당연한 것처럼 받아들여 그 상황을 혼돈이라고 인식하지 못할 수도 있다.

부당한 대우

아이를 학대하거나 구박하는 것은 참 자아의 성장과 발달, 존재에 해로운 영향을 미치는 것이 사실이지만 미묘할 때가 많다. 이에 관한 사례는 다음 표에 정리해 놓았다.

버려짐		
방치		
학대	신체적	손찌검, 구타, 고문, 성적 학대 등
	정신적·정서적·영적	수치심을 줌, 제한함, 굴욕감을 느끼게 함, 위축되게 함, 사랑을 주지 않음, 죄책감을 야기함, 진지하게 대하지 않음, 비판함, 믿지 않음, 망신을 줌, 무력화함, 농담거리로 삼음, 잘못 인도함, 비웃음, 못마땅하게 여김, 놀림, 감정과 욕구를 경시하거나 최소화함, 교묘히 조롱함, 약속을 어김, 속임, 거짓된 희망을 갖게 함, 희롱, 일관성이 없거나 독단적으로 반응함, 배신, 애매한 반응을 함, 상처를 줌, 억압함, 잔인하게 행동함, 하찮게 취급, 협박, 무시, 위협, 두렵게 만듦, 제압하거나 못살게 굶, 통제함

감정과 실재의 부정

문제 가정의 가족 구성원들은 감정, 특히 개개인이 느끼는 고통스러운 감정을 부정하는 경향이 있다. 아이나 부모 모두 자신의 기분, 특히 분노처럼 부정적인 감정을 표현하는 것을 허용하지 않는다. 하지만 각 가정에 적어도 한 명, 즉 알코올의존증 환자나 그와 비슷한 문제가 있는 사람은 부정적인 감정을 터놓고 표출시킨다. 분노가 늘 존재하는데도 표현이 허용되지 않은 가정에서 자란 사람은 자신이나 타인에 대한 학대, 반사회적인 행동, 여러 형태의 통증 및 만성질환, 스트레스 관련 질병 등으로 나타난다. 아이가 보는 현실은 부정되고 가족은 새로운 형태, 즉 진실처럼 꾸며진 거짓을 받아들인다.

이런 환상은 가족을 더욱 역기능적인 방식으로 묶어 놓는다. 이런 부정과 거짓된 믿음은 아이의 인생에서 매우 중요한 정신적·정서적·영적인 부분의 발달과 성장을 억누르고 지연시킨다.

문제 가정이나 역기능 가정은 적어도 다음 중 하나 혹은 몇 가지의 공통된 특성을 갖고 있다.

| 공통 특성 |

- 방치함
- 부당한 대우를 함
- 일관성이 결여됨
- 예측이 불가
- 독단적임
- 부정함

- 하나 이상의 비밀을 가짐
- 감정 표현이 허용되지 않음
- 다른 욕구들이 허용되지 않음
- 엄격함(일부 가정의 경우)
- 때때로 혼돈에 빠짐(위기 중심의 상태 포함)
- 가끔은 조용하고 제 기능을 수행하기도 함

문제 가정의 또 다른 특징으로는 다양한 형태의 학대를 들 수 있다. 학대나 트라우마의 사례를 읽고 자신의 경우에 비춰

보는 것도 참 자아를 찾는 데 도움이 된다.

그러나 자신이 겪은 학대나 상처를 확인할 수 있는 가장 좋은 방법은 자신을 지지해 주고 믿음을 저버리지 않는 사람들 앞에서 자신의 이야기를 솔직하게 털어놓는 것이다. 나는 그런 사람들을 '안전한 사람들' 혹은 '안전하고 힘을 주는 사람들'이라고 부른다. 6장에서는 자존감이 낮아지는 과정, 수치심이 야기하는 역동적이고 부정적인 규칙들에 대해 다룰 것이다.

6장

나는 부모가 쉽게 던지는
상처의 말을 먹고 자랐다

살아가면서 느끼는
당연한 죄의식

──────────────── 수치심을 죄의식과 혼동하는 경우가 많다. 경우에 따라서는 두 개의 감정을 한꺼번에 느낄 수도 있지만, 두 감정은 서로 다르다. 죄의식은 개인적인 기준이나 가치를 어기거나 다른 사람에게 상처를 주었을 때, 합의된 사항이나 법을 위반한 경우 느끼는 불편하고 고통스러운 감정이다. 따라서 죄의식은 행동과 관련이 있으며, 마땅히 해야 했지만 하지 않은 행동에 느끼는 불쾌한 기분이다.

다른 감정들처럼 죄의식도 다른 사람과 좋은 관계를 맺는 데 도움을 줄 수 있다. 죄의식을 느낀다는 것은 양심이 제 기능을 하고 있음을 의미한다. 잘못을 하고도 죄의식을 느끼지 않거나 후회하지 않는 사람은 삶을 살아가는 데 어려움을 겪는다. 이런 사람은 반사회적인 인격 장애를 겪고 있을 수 있다.

유익하고 건설적인 죄의식을 '건전한 죄의식'이라고 한다. 이런 종류의 죄의식은 사회 속에서 생활하고, 갈등과 어려움을 해결하며, 실수를 바로잡고, 사람들과의 관계를 개선하는 데 도움이 된다. 마음의 평화와 안정을 깨뜨리고, 정신적·정서적 성장을 가로막으며, 그 기능에 해를 입히는 것은 '불건전한 죄의식'이다. 문제 가정에서 자란 사람은 건전한 죄의식과 불건전한 죄의식을 함께 갖고 있으며 불건전한 죄의식은 보통 조절이나 정리가 안 된 상태로 내재되어 있다.

가족에 대한 책임감은 자신의 참 자아에 대한 책임감을 압도한다. '생존자'로서의 죄의식도 있다. 이것은 문제가 있는 환경에 다른 사람들을 남겨 놓고 자신만 떠난 것에 대해, 혹은 다른 사람들은 잘 살지 못하는데 자신만 제대로 살아간다는 것에 대해 느끼는 죄의식이다.

죄의식은 그 존재를 인정하고 바르게 대처함으로써 상당 부분 줄일 수 있다. 죄의식을 느낄 때는 믿을 수 있는 사람과 의논하는 것이 좋다. 가장 간단한 해결책은 자신이 해를 입히거나 속인 사람에게 진심으로 사과하고 용서를 구하는 것이다.

그렇다면 수치심은 죄의식과 어떻게 다를까? 수치심은 자신이 결함투성이고, 나쁘고, 불완전하고, 형편없고, 가식적이고, 무능하고, 실패자라는 생각이 들 때 느껴지는 괴롭고 불편한 감정이다. 죄의식이 잘못된 행동을 했을 때 드는 불편한 감정인 반면, 수치심은 자신이 뭔가 문제가 있거나 결점이 있는 존재라는 생각이 들 때 느껴지는 감정이다. 따라서 죄의식은 바로잡거나 용서받기가 비교적 쉽지만, 수치심은 벗어나는 데 상당한 시간과 노력이 필요하다.

수치심을 감추면 벌어지는 일들

───────────────── 내면 아이, 즉 참 자아는 수치심을 느낄 수 있으며, 자신에게 힘이 되어 주는 안전한 사람들에게 건전한 방식으로 표현한다. 하지만 거짓된 자아는 수치심을 느끼지 않는 척 행동하며, 다른 사람에게 알리지도 않는다.

수치심은 모든 인간이 느끼는 보편적인 감정이다. 수치심을 적절히 대처하지 않고 방치하면 계속 쌓여 짐이 되고 결국 내

면 아이를 울게 만든다. 수치심은 자신이 무능하고 결함투성이
인 것처럼 느끼게 할 뿐 아니라, 다른 사람들이 자신을 꿰뚫어
보고 자신이 쓰고 있는 가면과 문제점까지도 다 알아볼 거라고
생각하게 된다. 또한 아무리 노력해도 수치심이 사라지지 않을
것이라는 생각에 절망감을 느끼고, 마치 자기만 그런 괴로운
기분에 빠져 있는 것 같은 고립감과 외로움을 느끼기도 한다.

뿐만 아니라 '난 수치심이 든다고 말하기가 두려워. 내가 그
런 말을 하면 사람들이 날 나쁘게 생각할 거야. 나는 사람들이
나를 나쁘게 말하는 것을 참을 수 없어. 그러니까 나 혼자서만
알고 있고 절대 드러내 보이지 말아야지. 수치심 자체가 아예
없는 것처럼 행동해야겠어.'라는 생각을 하게 된다.

때로는 수치심이 다른 기분이나 행동인 것처럼 가장하기도
한다. 수치심을 감출 때 드는 기분이나 행동에는 다음과 같은
것들이 있다.

분노 경멸 무시나 위축 원한 공격 포기 격분
통제 실망 비난 완벽주의 충격적인 행동

이렇게 수치심을 숨기면 상호의존적인 자아, 즉 거짓된 자아에게는 도움이 된다. 하지만 아무리 잘 감춘다고 해도 다른 사람들은 고개를 숙이거나, 축 처져 있거나, 눈길을 마주치지 않거나, 자신의 욕구와 권리에 대해 변명을 늘어 놓는 모습을 보고 대번에 알아차린다. 때로는 속이 울렁거리거나, 냉랭해지거나, 위축되거나, 소외된 것 같은 기분이 들기도 한다. 감추기만 해서는 수치심은 결코 사라지지 않는다. 자기 자신이 수치심을 인정하고, 자신을 지지해 주는 사람들과 함께 나누지 않는다면 말이다.

35세의 회계사인 짐은 수치심의 위장된 모습에 관한 그룹 치료에서, 멀리 떨어져 살고 있는 아버지와의 관계를 털어놓았다. "아버지는 통화할 때마다 늘 날 판단하려고 하세요. 그러면 나는 너무나 혼란스러워져서 전화를 끊고 싶어져요."

짐은 더 많은 이야기를 하며 사람들과 대화를 나누었는데 갑자기 누군가가 지금은 어떤 기분이냐고 물었다. 짐은 자기가 정확히 어떤 기분인지 파악하는 것을 어려워하며 사람들과 눈을 마주치지 못했다. "그냥 혼란스러울 뿐이에요. 아버지 곁에서는 늘 완벽하고 싶었어요. 하지만 한 번도 아버지를 만족시키지는 못했죠."

그는 이야기를 이어 나갔고 사람들은 다시 지금은 또 어떤 기분이 드냐고 물어보았다. "조금 두렵기도 하고 상처를 받은 것 같기도 합니다. 약간 화가 난 것 같기도 하고요."

그룹의 리더는 혹시 무능하다는 생각에 수치심이 드는 것은 아니냐고 물었다. 그러자 짐은 "아니요. 왜 그런 생각을 하시죠?"하고 말했다. 짐의 말에 리더는 그의 완벽주의적인 성향과 사람들의 눈길을 피하는 태도, 아버지와의 관계를 말하는 방식 때문에 그렇게 생각하게 됐다고 말했다. 그러자 그는 눈물을 흘리며 곰곰이 생각해 보겠다고 했다.

수치심의 탄생과 악순환

———————————— 수치심은 부정적인 말과 신념, 규칙 등을 들으며 자랄 때 생긴다. 그런 말은 부모와 선생님 같은 권위적인 위치에 있는 사람들이 주로 한다. 그런 말은 주로 부정적인 의미를 담고 있다. 또 듣는 사람의 기분과 욕구, 참자아, 내면 아이가 받아들여지지 않고 있음을 뜻하기도 한다.

우리는 "부끄러운 줄 알아라!", "너 정말 못됐구나!", "넌 아직 한참 멀었어."와 같은 말들을 끊임없이 들으면서 살아간다.

그것도 우리가 많이 의지하고 믿는, 강력한 영향력을 가진 사람들로부터 말이다. 나와 전혀 상관이 없거나, 좋아하지도, 존경하지도 않는 사람들이 그런 말을 한다면 무시하고 넘어갈 수도 있다. 하지만 믿고 의지하는 사람들이 하는 부정적인 말은 오히려 굳게 믿으며 내면화시킨다. 부정적인 말을 듣고 수치심을 느껴도 상처를 치유할 수 있다면 괜찮다. 그러나 안타깝게도 그럴 수 없는 경우가 너무나 많다.

우리 주변에는 건전하게 표출시켜서 치유해야 하는 고통을 억제하고 표현하지 못하게 막는 부정적인 규칙들, 즉 '울지 마라.', '아이들은 얌전히 있어야 한다.'와 같은 규칙들이 많다. 이런 규칙들 때문에 상처는 더욱 악화된다. 그러면 스스로를 나쁘게 생각하게 되고, 그에 관해 터놓고 이야기할 수 없게 된다. 문제는 이런 부정적인 규칙들은 일관성이 없는 경우가 많다는 것이다. 그러면 어떤 결과가 생길까? 부모의 말에 일관성이 없으면 아이는 부모를 믿지 못하고, 두려움과 죄의식을 느끼며, 심한 수치심을 갖게 된다.

부모들은 그런 부정적인 말과 규칙을 어디에서 배웠을까? 그들 또한 그들의 부모와 권위적인 위치에 있는 사람들로부터 배운 것이다. 어린 시절에 들으면 상처가 되는 말을 정리해 놓았다.

감정을 드러내지 마라.

화내지 마라.

흥분하지 마라.

울지 마라.

엄마 아빠가 말하는 대로 해라.

다른 애들은 안 그래.

남자는 우는 게 아니야.

여자 아이답게 행동해야지.

그런 식으로 느끼면 안 돼.

그러면 안 돼.

다 네 탓이야.

엄마 아빠 덕분인 줄 알아.

늘 좋은 모습을 보여주어라.

나는 늘 옳고 너는 늘 틀리다.

항상 자제심을 잃지 마라.

넌 뭐 하나 잘하는 게 없구나

그렇게 아프진 않을 텐데.

넌 모든 것을 잘해야 해.

너 때문에 내가 늘 희생하고 있는 거야.

밖에서 집안일을 떠들고 다니지 마라.

좋은 아이·착한 아이·완벽한 아이가 되어라.

네가 바라는 것들은 다 필요 없는 거야.

우리는 남자 아이를(여자 아이를) 원했는데.

부끄러운 줄 알아라.

넌 아직 부족해.

차라리 널 낳지 말걸.

너 때문에 내가 병나겠다.

남자답게 굴어라.

넌 쓸모없는 아이야.

갈등을 피해라.

학교에서 잘 행동해라.

말대답 하지 마라.

왜 이렇게 바보 같니.

떠들지 말고 얌전히 있어.

내 의견에 반박하지 마라.

어떻게 나한테 이럴 수 있니.

또 그러면 널 사랑하지 않을 거야.

너 때문에 미치겠다.

넌 태어나지 말았어야 해.

넌 진짜 이기적이야.

너 때문에 내가 죽고 말지.

비밀을 안고 있는
가족

──────────────── 혼자 수치심을 느끼고 상처를 받는 것도 문제지만, 가족 전체가 수치심으로 괴로워한다면 더 큰 문제이다. 그런 가정의 부모는 어렸을 때 혹은 어른이 되어서도 자신의 욕구를 충족시키지 못한 경우가 많다. 그래서 아이들을 이용해 충족되지 못한 자신의 욕구를 채우려 든다.

물론 다 그런 것은 아니지만, 가족 모두가 수치심을 느끼는 가정은 대부분 비밀을 갖고 있다. 가정 폭력, 성적 학대, 알코올 의존증 등의 치명적인 상황의 비밀과 수치스러운 상황과 실직이나 승진에서의 누락, 인간관계의 손상 같은 미묘한 비밀들도 있다.

이런 비밀을 갖고 있으면, 가족 구성원이 비밀을 알고 있는지 여부와 관계없이 구성원 모두가 무력해진다. 숨겨야 할 것이 있으면 질문을 해서도 안 되고 관심과 감정(두려움이나 화, 수치심, 죄의식 등)을 드러내서도 안 되기 때문이다. 그래서 가족들은 자유롭게 대화를 나눌 수도 없고, 결국 가족 개개인의 내면 아이는 억눌려 제대로 된 성장과 발달을 하지 못한다.

역설적이게도, 수치심에 기반을 둔 가족의 구성원들은 의사 소통이 빈약한데도 불구하고 가족의 비밀을 충실히 지킴으로 써 정서적으로 끈끈하게 연결되어 있다.

가족 중 한두 명 정도는 그런 능력이 부족한 경우가 있는데, 그럴 때는 다른 사람이 그 사람의 역할까지 떠맡는다. 가족들 은 각자의 방식대로 서로에게 신경 쓰는 법을 배운다. 그 결과 어떤 식구끼리는 감정적으로 얽히거나 융합되고, 또 다른 사람 의 경계와 개인적인 공간을 침범하기도 한다.

건강하고 독립적인 사람의 경계는 다음 그림처럼 나타낼 수 있다.

평범하게 아는 사이

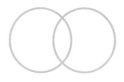

친한 친구

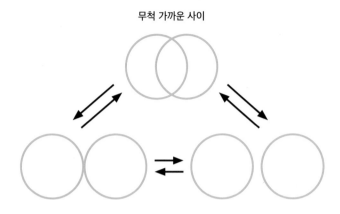

무척 가까운 사이

건강한 관계는 개방적이고, 융통성이 있으며, 서로의 욕구와 권리를 충족시켜 주고, 각자의 성장을 지지해 준다. 그들의 관계는 가깝고도 긴밀하지만, 때에 따라 융통성 있게 바뀌어서 상대방의 욕구를 존중한다.

반면 감정적으로 얽혀 있는 관계는 다음과 같은 그림으로 나타낼 수 있다.

문제 가정이나 역기능 가정의 경우는 다음과 같은 모습을 보인다.

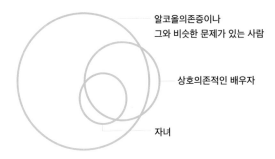

이렇게 얽혀 있는 관계는 건강하지 못하고, 폐쇄적이며, 엄격하고, 각자의 욕구와 권리가 충족되는 것을 방해한다. 그들은 서로의 정신적·정서적 성장을 지지하지 않는다. 상황에 따라 관계가 가까워졌다 멀어졌다 하는 것도 절대 용납하지 않는다.

이런 관계에서 살아남기 위해 사람들은 비밀, 감정, 고통을 부정하거나 자신의 고통을 다른 사람에게 투사(공격적인 행동, 비난, 거부)하는 등 몇 가지 방어 기제를 사용한다. 그러나 두려움, 죄의식, 부정, 공격 등 수치심에 기반을 둔 상호의존적인 자세는 도움이 되지 않는다. 그래서 그 관계에서 벗어난 후에도 그동안 살아남기 위해 썼던 방식이나 방어 기제들을 계속 사용하는데, 당연히 이것은 건강한 관계에 도움이 되지 않는다.

수치심이 있는 사람은 거의 늘, 어떤 방식으로든, 한 사람이나 몇 사람과의 관계에 그물처럼 얽히게 된다. 하지만 제 기능을 다하지 못하는 관계, 수치심에 기반을 둔 관계를 맺고 있으면 미칠 것 같은 기분을 느끼게 된다. 현실을 시험해 보려고 할 때도 자신의 감각과 감정, 반응을 믿지 못한다.

수치심이 충동적인 행동으로 나타나다

늘 수치심을 느끼며 타인에게 초점을 맞춘 상호의존적인 자세로 살면 뭔가를 잃은 것 같고 불완전한 기분이 들기 마련이다. 그럴 때면 불행하다고 느끼고, 긴장하고, 공허해 하며, 스트레스를 받고, 불쾌해 하고, 무감각해진다.

반면 진실한 모습을 보이는 것도 불안하기는 마찬가지이다. 다른 사람에게 진실한 모습을 보였다가 거부당한 적이 많기 때문이다. 그러므로 진실해지고, 자신의 감정을 자유롭게 표현하고, 그 밖에 다른 욕구들을 충족시키려고 하는 것은 너무나 두려운 일이다. 또 그렇게 하는 것이 익숙하지도 않다. 그래서 자신의 진정한 욕구와 감정을 무시하기 위해 방어적인 태도를 취하게 된다.

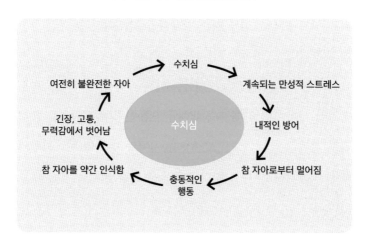

　그러나 숨어 있는 참 자아는 자신을 표현하고 싶어 하는 타고난 욕구와 열정을 갖고 있다. 우리는 은밀하게 그것의 생명력과 창의성을 느끼고 싶어 한다. 한편으로는 참 자아에 가까이 가고 싶어 하더라도, 피하려는 딜레마 속에 오랫동안 억눌려 왔던 참 자아를 표출할 수 있는 길은 특별한 방식, 즉 예전에 도움이 된 적이 있는 부정적이고 충동적인 행동을 통해서뿐이다.

　그렇게 해도 참 자아는 어렴풋하게 볼 수밖에 없다. 충동적인 행동은 술을 과하게 복용하는 것, 짧은 기간 동안 강렬한 관계를 맺으며 상대방을 통제하려는 행위 등 다양한 형태로 나타난다. 폭식, 성적 탐닉, 지나치게 일에 매달리는 것, 과소비, 그리고 치료 모임에 너무 자주 참석하는 것 모두 충동적인 행동에 포함된다.

이런 충동적인 행동은 자신이나 다른 사람을 파괴하는 등 부정적인 성격이 강하다. 또 자신과 다른 사람에게 위기를 초래하는 부작용을 낳기도 한다. 사람은 어느 정도까지는 자신의 행동을 통제하고, 의지를 갖고 행동을 위한 계획을 세울 수도 있다. 하지만 가끔은 마치 반사작용을 일으키듯 충동적이고 무의식적으로 행동하게 된다.

충동적으로 행동하면 수치심도 들지만, 자신을 괴롭히던 긴장과 고통, 무력감에서 일시적으로 벗어날 수 있다. 또 잠깐이나마 살아 있는 기분도 느낀다. 그 다음에는 수치스럽고 불완전한 기분만 남는다.

이런 행동 유형을 '반복적인 충동'이라고 부르기도 한다. 갈등이 제때 해결되지 못하고 자신도 인식하지 못하는 무의식의 세계에 내재되어 있을 때 이런 행동이 나타난다.

────────────────────────── 내면 아이를 울게 만드는 수치
심에서 벗어날 수 있는 방법이 있다. 자신이 받은 정신적인 충
격과 고통을 안전하고 힘이 되는 사람들에게 솔직히 털어놓는
것이다. 다만 진짜 자신의 이야기를 해야 한다. 내면 아이, 참
자아의 입장에서 솔직하게 자신의 약점과 장점을 모두 공개하
고 공유할 때 비로소 수치심에서 벗어날 수 있다.

혼자서는 수치심을 치유할 수 없으므로 다른 사람들의 도움
을 받아야 한다. 그들은 우리가 처한 어려움과 고통을 이해하
고, 우리를 있는 그대로 받아들여 준다. 우리 역시 다른 사람들
의 이야기를 듣고 수치심을 나누며 그들의 치유를 도울 수 있
다. 그렇게 하는 것은 자신에게도 유익하다. 그렇게 나누고 이
야기하는 것은 여러 모임과 그룹 치료, 개인 치료, 또 친한 친
구들 사이에서 할 수 있는 일이다.

오랫동안 자신을 괴롭히는 수치심에서 벗어나고자 결심하
고, 치료를 시작했다고 해서 곧바로 모든 문제가 해결되는 것
은 아니다. 수치심을 치료하기 시작하면 치료가 진행되는 것을
막는 걸림돌에 부딪히게 된다.

걸림돌은 첫째 자신에 대한 부정적인 태도, 둘째 과거 자신을 수치스럽게 만든 사람의 표정이나 모습에 대한 기억, 셋째 삶의 중요한 부분이 수치심으로 인해 가려지는 것 등이 있다. 수치심은 필연적으로 자존감을 떨어뜨린다. 따라서 수치심 때문에 괴로워하는 사람들은 대개 자기 자신을 부정적으로 생각한다.

수치심으로 인해 자존감이 낮아진 사람들은 지극히 자연스러운 일인데도 수치심을 느끼기도 한다. 예를 들어 사람은 긍정적·부정적 감정을 모두 다 느낄 수 있다. 또한 멋진 이성을 보면 성적인 충동을 느끼고, 좋아하는 사람을 보면 친밀함을 갖고 싶어 한다. 상대방이 나에게 해가 되는 일을 했을 때는 순간적으로 나쁜 생각을 할 수도 있다. 수치심을 느끼며 우울해한다면 수치심으로 인한 상처를 치유하기 어려워진다.

수치심으로부터 자유로워지기 위해서는 삶의 중요한 부분인 첫째 감정, 둘째 건강한 충동(성적인 충동, 공격적인 충동, 식욕, 친밀함에 대한 욕구 등), 셋째 욕구(지지받고 싶은 욕구, 경청의 욕구 등), 넷째 생각(특히 부정적인 생각) 등을 자연스럽게 인정하고 받아들이려고 노력해야 한다.

퇴행을 겪는
이유

부모를 포함한 권위적인 사람들로부터 상처를 받으면 분노를 느끼게 마련이다. 하지만 분노는 곧 수치심으로 바뀌거나 모습을 감춘다. 두려움이나 혼란스러운 기분이 들기도 한다. 이런 감정들은 통제력을 잃을 정도로 너무도 강렬해서 우리는 재빨리 그것들을 억누르고 무감각하게 만들어 버린다.

이 모든 과정은 불과 몇 초 만에 일어나지만 우리는 다시 어린아이로 돌아간 것처럼 무기력한 기분을 느끼게 된다. 이런 상태를 '퇴행'이라고 하는데, 퇴행은 어린 시절의 생존 매커니즘으로 회귀하는 것을 뜻한다.

45세인 톰은 변호사로 두 아이의 아버지이다. 그는 그룹 치료에서 어린 시절로 퇴행했던 경험을 들려주었다.

"아버지가 날 바보 취급할 때 무슨 일이 일어나는지 깨닫는 데 45년이 걸렸습니다. 지난달에 부모님을 뵈러 갔는데 아버지는 내가 도착한 지 5분도 안 돼 내 일을 들먹이며 날 깔아뭉개기 시작했어요. 아버지는 '엉터리 변호사가 납시었군.'이라고 말하고 나와 어머니, 동생들을 번갈아 보면서 같이 웃기를 기대하셨죠.

나는 이 모임 덕분에 그럴 때 어떻게 해야 하는지 알고 있었습니다. 그러나 그 순간에는 다시 다섯 살짜리로 돌아간 것처럼 혼란스럽고 무력해지고 화가 났습니다. 그래서 고개를 숙이고 멍하게 있었죠. 자라면서 수도 없이 겪었던 끔직한 기분이었어요.

지금도 아버지가 그럴 때면 예전처럼 끔직한 기분이 듭니다. 날 놀리거나 비판하려는 사람들 앞에서도 그런 기분이 들어요. 나는 아버지의 그런 행동이 가족 간의 갈등이나 긴장을 푸는 방법이라는 것을 알게 되었어요. 아버지는 누가 됐든 자기와 문제가 있는 사람이 있으면 농담을 하고 놀리고 깎아내리는 말을 합니다.

그럴 때는 그 사람 곁을 벗어나는 것도 방법이었어요. 포기하고 갈등 자체를 아예 다루지 않는 것이지요. 요즘 나는 퇴행하고 있다는 사실을 인식하고, 깊이 심호흡을 하고, 주변을 거닐며 정신을 수습해서 아버지와 같은 사람들에게 대응하는 법을 연습하고 있습니다. 그리고 그런 아버지에 대해 한계를 정해 놓았어요. 이제는 이렇게 말할 수 있습니다. '아버지가 그런 식으로 제 일을 가지고 놀리는 것이 싫습니다. 계속 그러시면 더 이상 오지 않겠습니다.'라고요."

톰의 이야기는 수치심이 어떻게 퇴행을 부르는지, 그리고 퇴행에 어떻게 대처해야 하는지를 보여준다. 수치심이나 퇴행의 사슬에서 자유로워지려면 수치심을 느끼게 하는 일이 일어났을 때 있는 그대로 인식할 수 있어야 한다.

인식했다면 몇 차례 천천히 깊은 심호흡을 하자. 심호흡을 하면 혼란스러움과 무기력감에서 벗어날 수 있고, 현재 벌어지고 있는 상황을 더욱 잘 인식할 수 있어서 자신을 훌륭하게 통제할 수 있다.

마비된 듯 꼼짝 못 하고 있거나 혼란스러워하거나 무력해지지 말고 참 자아의 상태로 나아 가자. 일어나서 주변을 거닐고 자신을 둘러싼 현실을 직시하면서 참 자아가 계속해서 제 기능을 다하도록 기다려 보자.

곁에 안전하고 도움이 되는 사람들이 있다면 자신의 기분에 대해 이야기를 해보는 것도 효과적이다. 또 자신을 함부로 대하는 사람들로부터 떠나는 것도 방법 중의 하나이다. 진짜 떠나지는 않아도, 떠날 수 있다는 상징적인 행동을 하는 것, 즉 자동차 열쇠를 꽉 쥐는 것만으로도 평정심을 회복할 수 있다.

때로는 퇴행이 유리하게 작용하기도 한다. 퇴행은 우리가 부당한 대우를 받고 있다는 사실을 즉시 일깨워 주기 때문이다.

일단 그 사실을 알고 나면 상황을 바로잡고 그런 대우에서 벗어날 방법을 강구할 수 있다. 출구가 있다는 것을 아는 것, 그것이 가장 중요하다.

7장

내면 아이를 억누르고 울리는
외상 후 스트레스 장애의 모든 것

외상 후 스트레스 장애,
어떻게 알 수 있을까?

───────────────── 외상 후 스트레스 장애는 내면 아이를 억누를 뿐 아니라 반복되는 스트레스와 극심한 정신적 충격으로 각종 질병을 유발한다. 또한 상호의존증의 특성들과 밀접하게 연관되어 있어서 이 두 증상이 겹쳐서 나타나는 경우가 많다. 알코올의존증 환자 가정의 아이들에게 나타나는 '만성적인 쇼크 상태'도 외상 후 스트레스 장애에 해당한다.

외상 후 스트레스 장애는 두려움이나 불안, 우울증, 쉽게 흥분하는 것, 충동적인 행동, 폭발적인 행동, 무감각한 태도 등 여러 가지 형태로 표출된다. 외상 후 스트레스 장애의 존재 여부는 다음과 같은 조건에 의해 결정된다.

확인 가능한 스트레스 인자

첫 번째 조건은 현재 확인 가능한 스트레스 인자를 갖고 있거나 과거에 가지고 있었던 경우이다. 스트레스 인자의 예시와 강도 등급을 표로 만들었다.

표를 보면 스트레스 인자는 참 자아를 억누르는 가정과 환경

| 스트레스 인자의 예시와 강도 등급 |

등급 용어	어른의 예	어린이·청소년의 예
전무	정신적인 스트레스 인자가 보이지 않음	정신적인 스트레스 인자가 보이지 않음
극소	사소한 법률 위반, 약간의 은행빚	가족과의 휴가
약간	이웃과의 다툼, 근무 시간 변경	담임교사가 바뀜, 새 학년이 시작됨
보통	이직, 가까운 친구의 죽음, 임신	부모의 습관적인 싸움, 전학, 가까운 친척의 병, 동생이 태어남
심함	자신이나 가족의 중병, 심각한 경제적 손실, 별거, 자녀의 출생	친구의 죽음, 부모의 이혼, 입원, 가혹하고 집요한 부모의 체벌
극단적	가까운 친척의 죽음, 이혼	부모나 형제의 죽음, 반복되는 신체적·성적 학대
파국	강제 수용, 모든 것을 파괴한 자연재해	연이은 가족의 죽음

에서 흔히 나타난다는 것을 알 수 있다. 그러나 외상 후 스트레스 장애의 존재 여부를 결정하려면 스트레스 인자가 인간이 보통 경험할 수 있는 범위를 벗어난 것이어야 한다. 폭행, 강간, 성적 학대, 심각한 부상, 고문, 홍수, 지진 같은 것이 해당된다.

문제 가정에서 자랐거나 살고 있는 사람은 외상 후 스트레스 장애가 나타날 가능성이 크다. 외상 후 스트레스 장애는 첫째 장기간에 걸쳐 정신적인 상처를 받았을 때, 둘째 그 상처가 사람에게서 받은 것일 때, 셋째 상처를 받은 사람의 주변 사람들이 스트레스나 스트레스 인자의 존재 자체를 부정할 때 그 피해가 더욱 심각하고, 치료하기가 어려워진다.

트라우마를 다시 겪다

두 번째 조건은 과거에 겪은 트라우마를 다시 경험하는 것이다. 트라우마의 기억이 계속 떠오르는 것, 반복되는 악몽, 심장 박동이 빨라지거나 진땀을 흘리는 등 충격을 받았을 때 나타나는 등의 증상이 포함된다.

정신이 마비되는 일

참 자아의 놀라운 능력 중 하나는 감정을 느끼고 그 감정을 표현할 수 있다는 것이다. 반면 거짓된 자아는 순수한 감정을 애써 부정하고 은폐한다. 그렇게 계속 감정을 속이고 부정하다 보면 결국에는 정신이 마비된다. 이 역시 외상 후 스트레스 장애의 특징 중 하나이다. 정신의 마비란 어떤 것일까? 커맥은 정신의 마비를 다음과 같이 설명했다.

"전투 중인 군인은 자신의 감정과 상관없이 행동해야 할 때가 있다. 적에게 동정심을 느껴 총을 쏘지 못하거나, 전쟁터의 상황에 두려움을 느껴 총알이나 폭탄이 날아오는 데도 피하지 못한다면 살아남기 어렵기 때문이다.

자아와 경험이 분리된 것은 쉽게 치유되지 않는다. 시간이 지나도 저절로 사라지지 않는다. 적극적인 치료를 하지 않으면 그 사람은 계속해서 감정을 억제하게 되고, 현재 느껴지는 감정을 거의 인식하지 못하게 되며, 주변으로부터 고립되는 기분(비인격화)을 갖게 된다. 이런 상태가 쌓이다 보면 정신의 마비 상태에 이르게 된다."

심리 상담사 커맥이 말한 것처럼 정신의 마비는 감정이 위축되거나 사라졌을 때, 감정을 제대로 표현하지 못했을 때 사람을 피하고 소외감을 느끼며 후퇴하고 고립되는 모습으로 나타난다. 중요한 활동에 대한 관심이 떨어지는 것도 한 가지 증상이다.

외상 후 스트레스 장애를 의심할 수 있는 증상들

과민 반응과 불면증은 외상 후 스트레스 장애의 증상이다. 사람이 지속적으로 스트레스를 받으면 위험한 상황뿐 아니라 비슷한 상황에만 처해도 계속 긴장하게 되고 어떻게든 피하려고 애를 쓴다.

생존자가 느끼는 죄책감도 외상 후 스트레스 장애의 한 가지 증상이다. 이것은 다른 사람들은 여전히 상처를 받는 상황에 남겨져 있는데 자기만 그 상황을 피하거나 벗어났을 때 드는 죄책감을 말한다. 생존한 사람은 다른 사람들을 배신했거나 버렸다는 생각을 하며 죄책감을 느끼게 되므로 만성적인 우울증으로 발전할 가능성이 크다.

나는 다른 몇 가지 요인들, 예를 들어 내면 아이를 억제하는 것이 만성 우울증으로 이어질 수 있다고 생각한다. 트라우마와 관련된 활동을 피하는 것도 외상 후 스트레스 장애의 증상이다.

마지막 증상으로 다중인격이 있다. 다중인격을 가진 사람은 심각한 문제 가정이나 역기능 가정, 스트레스가 심한 가정에서 자랐을 가능성이 크다. 어쩌면 다중인격은 자신을 표현하고 살아남으려는 참 자아의 힘에 의해 거짓된 자아가 부분적으로 밀리면서 만들어진 것일 수도 있다.

외상 후 스트레스 장애와
상호의존증의 관계

────────── 커맥은 '알코올의존증 환자 가정의 성인 아이', '알코올의존증 환자 자녀 신드롬' 혹은 이와 비슷한 상태의 특성들은 외상 후 스트레스 장애와 상호의존증이 복합된 것이라고 주장했다.

알코올의존증 환자 가정의 성인 아이와 다른 문제 가정의 성인 아이를 치료하고 그들의 회복 과정을 지켜보면서, 나는 외상 후 스트레스 장애와 상호의존증이 수많은 문제 가정의 일부분에 불과하다는 생각을 갖게 되었다. 또 외상 후 스트레스 장애는 참 자아를 억눌러 생긴 극단적인 증상임을 알게 되었다.

내면 아이를 자유롭게 표출시켜서 감정을 표현하지 못하고, 상실이나 트라우마를 마음껏 슬퍼하지 못하면 병이 난다. 실제로 일어났든 일어날 위험이 있는 것이든 상관없다. 그래서 사소한 증상이나 신호로 시작되는 여러 상실감과 슬픔을 제대로 풀어내지 못하면 상호의존증과 외상 후 스트레스 장애에 이른다고 볼 수 있다. 이런 증세를 보이는 원인 중 가장 대표적인 것은 표출되지 못한 참 자아이다.

외상 후 스트레스 장애 같은 증세로 고통받는다면 이런 증세로 힘들어하는 사람들끼리 모여 장기간 그룹 치료를 받거나 개인 상담을 받는 방법으로 치료할 수 있다. 내면 아이의 치료에 필요한 여러 가지 원칙들은 외상 후 스트레스 장애의 치료에도 많은 도움이 된다.

커맥은 다음과 같이 말했다.

"이런 환자들을 성공적으로 치료한 의사들은 자신의 감정을 덮어 두고 싶어 하는 환자의 욕구를 존중할 줄 아는 사람들이다. 가장 효과적인 치료법은 감정을 표현하고 덮어 두는 것 사이를 왔다갔다 하는 것이다. 외상 후 스트레스 장애 환자들이 갖지 못한 것도 바로 이렇게 감정을 조절하는 능력이다. 그런 환자들에게 감정을 숨기는 자신의 능력을 잃게 되는 것이 아니라, 삶의 중요한 수단으로 활용할 수 있다는 것을 믿게 해 주어야 한다.

그러므로 치료의 초기 목표는 환자들이 자신의 감정에 압도될 때는 언제든 거리를 두어도 좋다는 확신을 갖고 자신의 감정 사이를 자유롭게 오갈 수 있도록 돕는 데 있다. 알코올의존증 환자 가정의 아이들, 또 외상 후 스트레스 장애 환자들은 치료자가 자신의 생존 기제를 빼앗지 않을 거라는 확신이 들면 잠깐이나마 자유롭게 자신의 감정을 드러낸다. 그것이 바로 치료의 시작이다."

Part 3

사랑받고 싶었던
내 안의 외로운 아이를 위한
심리 연습

8장

내면 아이의 상처를 마주 볼 것

우리는
살아남았다

───────────────────── 너무 오랫동안 내면 아이를 부정하고 거짓 자아를 마치 진짜 자아인 양 착각하며 살았기 때문에 노력해도 내면 아이의 상처를 제대로 보는 데는 한계가 있다. 자신의 참 자아를 발견하고 내면 아이를 치유하려면 다음 네 가지 활동부터 시작해야 한다.

첫째, 참 자아를 찾고 그렇게 되는 연습을 한다.

둘째, 현재 자신이 갖고 있는 신체적·정신적·정서적·영적인 욕구를 확인한다. 그리고 안전하고 자신을 지지해 주는 사람들과 그 욕구를 충족시키는 법을 연습한다.

셋째, 지지해 주는 안전한 사람들 앞에서, 슬퍼하지 못하고 묻어둔 상실이나 트라우마의 고통을 다시 인식하고 충분히 슬퍼한다.

넷째, 자신의 핵심적인 문제를 인식하고 해결해 나간다.

이 네 가지 활동은 특별히 순서가 있는 것은 아니지만 서로 밀접하게 연결되어 있다. 하나를 해결하면 순환을 하듯이 자연스럽게 다른 문제로 이어지며 해결되는 경우가 많다. 내면 아이의 상처를 치유하려면 우선 살아남아야 한다. 말이 쉽지 생존은 그 자체로 치열한 전투나 다름없다. 마음의 고통을 안고 사는 것은 매우 고통스럽다. 따라서 생존자들은 살기 위해 상호의존의 방법을 택하고, 많은 대처 기술과 자아 방어 기술을 사용한다.

문제 가정의 아이들은 회피, 감추기, 타협, 다른 사람들을 돌보기, 위장, 부정, 그 밖에 생존에 도움이 되는 여러 가지 방법들을 배우고 익혀 살아남는다. 안타깝게도 그들은 대부분 건전하지 못한 자아 방어 수단을 습득하게 되었다.

방어 수단에는 지성화(느낌이나 감정을 무시하고 객관적으로 문제와 갈등을 분석하는 태도), 억압, 분리, 대체, 반응 형성 등이 있는 데, 이런 방어 수단을 과도하게 사용하면 신경증으로 간주될 수 있다. 지성화는 개인의 느낌이나 감정을 무시하고, 가능한 한 객관적으로 문제와 갈등을 분석하는 방어 수단과 성격을 말한다. 때때로 형식적이거나 지나치게 이성적인 태도를 보일 수 있다. 투사, 소극적이면서 공격적인 행동, 연기, 심기증, 과대망상, 부정도 방어 수단의 일종인데, 이런 종류의 방어 수단을 과도하게 사용하면 미성숙하거나 정신질환을 가진 사람으로 보이기도 한다.

이런 방어 수단은 역기능 가정에서 살아남는 데는 도움이 되지만, 사회에서 살아가는 데는 해롭다. 건전한 인간관계를 맺고 싶어도 자신의 관심을 솔직히 드러내지 못하기 때문이다. 그런 수단은 내면 아이를 억누르고 성장하지 못하게 막으며, 거짓된 자아 혹은 상호의존적인 자아를 만들고 강화시킨다. 알코올의존증 환자가 있는 가정에서 자란 20대 여성이 치료 과정 초기에 다음과 같은 시를 썼다. 이 시를 보면 생존의 고통이 얼마나 심했는지 알 수 있다.

밤에 대한 두려움

밤에 아이가

외로움으로부터 포근하게 감싸줄

따스한 손길을 기다리다

갑작스러운 아늑함과 사랑에 눈물을 흘리며

빠져들듯

나도 사랑받지 못하고

닻을 내리지 못하고, 버려지고, 부정되는

캄캄한 외로움 속에서,

아직도 어린아이 같은 소리 없는 울부짖음으로

예전의 희망을 불러 보네,

누군가 날 원한다는 옛날의 마법을.

아이는 지금도 내 안에 살아 있네.

혼란스럽고 배반당한 순수함을 열렬히 갈망하며,

아, 이 고통스러운 역설이여.

구원의 감각을 느끼고

아무도 없다는 것을 알지만

옛날의 꿈, 희미하지만 강렬한

부드러운 사랑의 손길에 대한 기억으로

나는 기다리네.

우리는 기다리네. 늘 기다리네.

그것을 잊혀진 이름 없는 갈망

세월은 나의 쇠약한 심장을 마구 두드리네.

그러나 형체도 없던 태고 시절의 힘처럼

그것은 나의 실체를 채우며 손짓하고,

뻣뻣한 이성을 무디게 만드네.

나는 부질없는 바람을 간직한 채 괴물같이 변해 가고

내 마음은 자꾸 저 안쪽으로, 저 뒤쪽으로만 향해 가네.

우둔함 역시

약해지고 반항하다

굴복하고 죽어간

어린 시절의 고통이라네.

나는 살고 있는 것이 아니라네.

그런 절망 속에서 나는 기다리네.

이 시에는 고통과 무력감, 절망감이 고스란히 드러나 있다. 하지만 "아이는 지금도 내 안에 살아 있네."라는 말로 한 줄기 빛과 같은 희망을 품고 있다. 회복이란 우리 자신을, 즉 내면 아이를 발견하는 것이다. 또한 자신과 타인, 세상을 이해하는 데 별 도움이 되지 못하는 방법들을 버리는 과정이기도 하다.

우리는 분명히 살아 있다. 하지만 상당한 고통과 고난을 겪고 있다. 그렇지 않다면 무감각해졌거나 고통과 무감각 사이를 오가는 것이다. 우리는 서서히, 학대를 받을 때 살아남을 수 있도록 도와준 여러 기술과 방어 기제들이 어른이 되어 건전하고 친밀한 인간관계를 맺고자 할 때는 별 소용이 없음을 깨닫게 될 것이다. 내면 아이를 치유하는 과정은 이런 쓸모없는 방법들로부터 시선을 다른 곳으로 돌리는 것에서 시작된다.

심리 치료사 그래비츠와 바우든은 알콜올의존증 환자 가정에서 자란 성인 아이의 회복 과정을 여섯 단계로 언급했다. 생존, 자각(갑작스러운 인식), 핵심적인 문제들, 변화, 통합, 새로운 출발(영적인 회복)이라고 말이다.

퍼거슨은 이 단계들을 삶의 성장과 변화의 네 단계로 구분했고, 나와 캠벨은 고전의 신화적 영웅들의 여정을 나타낸 세 단계로 구분했다. 각 단계 모두 내면 아이를 치유하는 데 큰 역할을 한다. 그리고 단계는 지나고 나서야 인식할 수 있을 때가 많다. 또한 현재 자신이 어느 단계에 속해 있는지 늘 알 수 있는 것도 아니어서 회복 과정을 거치는 동안에는 상담사 등의 도움을 받는 것이 좋다.

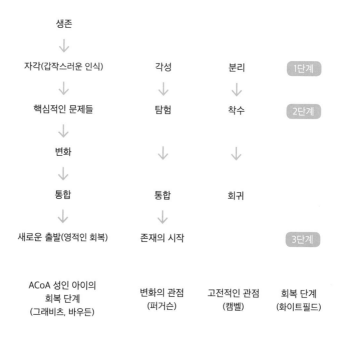

생존

↓

자각(갑작스러운 인식)　　　각성　　　분리　　　1단계

↓　　　　　　　　↓　　　　↓

핵심적인 문제들　　　　　탐험　　　착수　　　2단계

↓　　　　　　　　↓　　　　↓

변화

↓

통합　　　　　　　　통합　　　회귀

↓　　　　　　　　↓

새로운 출발(영적인 회복)　　존재의 시작　　　　　3단계

ACoA 성인 아이의　　　변화의 관점　　고전적인 관점　　회복 단계
회복 단계　　　　　（퍼거슨)　　　(캠벨)　　　(화이트필드)
(그래비츠, 바우든)

내면 아이를
치유하는 자각

──────────── 자각은 사물이나 현실이 우리가 생각했던 것이 아님을 처음으로 깨닫게 되는 것이다. 자각은 회복의 모든 단계에 걸쳐 계속 진행되는 과정으로 일단은 출발점 혹은 촉발점이 있어야 한다. 현실에 대한 과거의 이해와 신념, 즉 현실에 대해 우리가 생각하고 있던 방식을 뒤흔들어 줄

무언가가 필요하다는 뜻이다.

우리의 참 자아는 감춰져 있는 반면, 거짓된 자아는 겉으로 드러나 있기 때문에 자각은 쉽게 일어나지 않을 수도 있다. 그럼에도 종종 자각이 일어난다. 출발점은 어디든 될 수 있다. 다른 사람의 회복 과정과 참 자아에 관한 이야기를 듣거나 읽으면서 자각이 일어나기도 하고, 고통 때문에 병이 나거나 지쳐서, 혹은 다른 문제로 상담이나 치료를 받다가 자각을 시작하기도 한다. 또한 치료 모임에 참여하거나 교육을 받다가, 책을 읽거나 친구로부터 이야기를 듣고 자각이 일어날 수도 있다.

자각이 일어나면 혼란, 두려움, 열정, 흥분, 슬픔, 무감각, 분노 같은 감정을 느끼기 시작한다. 그것은 다시 감정을 느끼기 시작했음을 의미하는 것이므로 불안해하지 않아도 된다. 진정한 자신, 우리의 내면 아이, 참 자아를 접하기 시작한 것이다.

자각을 했다고 해서 내면 아이가 바로 치유되는 것은 아니다. 자각을 한 후 계속 나아가는 사람이 있는가 하면, 포기하는 사람도 있다. 그런 감정들에 겁을 먹고 거짓된 자아로 돌아가는 것(신경증 또는 상호의존증으로의 후퇴)이 더 쉽고 편하다고 느끼기 때문이다.

알코올의존증, 폭식이나 충동적인 도박 같은 비생산적인 행동에 의존하는 사람들은 그런 후퇴를 경험하기도 한다. 또 돈도 없으면서 과소비를 하는 등 수치심에 기반을 둔 충동적인 행동을 하기도 한다. 그러나 자각은 자신의 전인적 자아, 자신의 생명력, 그리고 궁극적으로는 영원한 평화를 발견하는 기회가 될 수 있다.

당신에게는
누군가의 손길이 필요하다

————————— 내면 아이를 부정할 때보다 내면 아이를 인정하고 치유하는 과정이 더 어려울 수 있다. 그럴 수밖에 없는 것이 내면 아이를 만나는 과정 자체가 혼란스럽고 두렵기 때문이다. 지금껏 진짜 나의 모습이라 여겼던 모습이 거짓이고, 오랫동안 부정하고 감추었던 내면 아이가 참 자아라는 것을 인정하는 게 쉬운 일은 아니다.

그 혼란이 두려워 내면 아이를 치유하는 데 거부감을 느끼는 사람들도 많다. 다른 사람의 도움을 받으면 내면 아이를 치유하기가 훨씬 수월하기 때문에 상담사나 심리 치료사를 찾아가는 것도 좋은 방법이다. 물론 도움을 줄 사람을 잘못 찾으면 트라우마가 재발하는 등 역효과가 나기도 한다. 내면 아이가 아픈 사람들은 정말 자신에게 도움을 줄 사람을 알아보지 못하는 경우가 많다. 종종 엉뚱하게도 자신의 내면 아이를 치유하지 못한 심리 치료사를 찾아가 상황을 더 악화시키기도 한다.

자신의 욕구가 충족되지 않은 사람은 새롭게 자각을 한 사람을 이용해 그런 욕구를 채우려 할 수도 있으므로 조심해야 한다. 그렇게 되면 다시 상처를 받게 되고, 결국 해결되지 못한 상처와 거짓 자아로의 복귀로 이어지는 상황이 벌어지게 된다.

치유를 돕는 전문가 고르기

바람직한 상담사나 심리 치료사를 찾는 데 도움이 되는 몇 가지 지침이 있다.

1. 충분한 훈련과 경험을 쌓은 사람. 즉 알코올의존증이나 문제 가정에서 자란 성인 아이의 특정한 문제를 효과적으로 치료했을 뿐 아니라 그들이 정신적·정서적·영적으로 성장할 수 있도록 도운 경험이 충분한 정신건강의학과 전문의나 심리 치료사.
2. 독단적이거나 엄격하거나 비판적이지 않은 사람.
3. 빠른 해결이나 답을 약속하지 않은 사람.
4. 당신을 인간적으로 존중하며 회복과 성장을 진심으로 돕고

있다는 믿음을 주는 한편, 스스로 해야 할 부분에 대해서는 단호한 태도를 보이는 사람.

5. 치료 기간 동안 당신의 욕구(경청과 반응, 안전, 존중, 감정의 이해, 수용)를 채워 주는 사람.

6. 치료 시간 외에도 건전하게 욕구를 충족시키는 방법을 배울 수 있도록 도와 주고 격려해 주는 사람.

7. 자기 자신의 내면 아이를 치유하는 데 좋은 결과를 얻는 사람.

8. 자신의 욕구를 채우기 위해 당신을 이용하려 들지 않는 사람 (사실 이런 면은 쉽게 알기 힘들다).

9. 같이 있으면 안전하고 편안한 기분이 드는 사람.

가끔은 치료 모임에서 사귄 친구 중에 이런 자질을 갖춘 사람이 있을 수도 있다. 하지만 친구나 친척은 책임감을 갖고 집중해서 당신의 말을 경청하지 않으며, 당신의 특수한 문제나 상황을 해결하는 데 도움이 될 만한 훈련을 받지도 않은 사람이라는 것을 명심하자. 경우에 따라서는 자신의 욕구를 위해 건전하지 못한 방식으로 당신을 이용하려 들 수도 있다.

대개 친구나 친척은 무의식적으로 그럴 때가 많지만, 얼마 안 가서 당신을 배신하거나 거부할 수도 있다. 그렇게 되면 결국 당신만 끔찍하고 미칠 것 같은 기분을 느끼게 된다. 가능하면 그런 사람은 피해야 한다.

서두르지 말고 천천히 마음을 열어라

치료와 회복의 과정을 신뢰한다 해도 선뜻 마음을 열기란 쉽지 않다. 서두르지 않아도 된다. 자신의 참 자아를 드러내도 좋겠다는 생각이 들 때까지 자신에게 시간을 주자. 얼마만큼 시간이 필요할지는 사람마다 다르다. 짧게 몇 주 정도만 있으면 마음을 여는 사람이 있는가 하면, 1년 이상 긴 시간을 필요로 하는 사람도 있다. 신뢰가 생기면 이제 마음속 깊은 곳에 감춰 둔 비밀과 두려움을 털어놓을 수 있게 된다.

두려움을 감추지 말고 이야기를 나누어야 내면 아이를 치유할 수 있다. 이 단계를 거치고 나면 어릴 때부터 자신의 감정을 부정하던 습관에서 벗어날 수 있다.

개인 치료에서든 그룹 치료에서든 말을 하는 것은 큰 도움이 된다. 처음에는 말을 더듬거나 횡설수설할 수도 있지만 그래도 괜찮다. 상담사와 심리 치료사, 그룹 회원들에게 자신이 무슨 말을 했는지 되물으면 된다. 그렇게 물어도 그들은 전혀 이상하게 생각하지 않고 친절하게 답변해 준다.

어떤 식의 치료를 선택했든, 치료 시간 외에도 자기 스스로 회복을 위한 활동을 하는 것은 매우 중요하다. 생각하기, 질문하기, 여러 가지 생각과 가능성을 찾아보기, 일기 쓰기, 믿을 수 있는 사람에게 자신의 꿈을 이야기하기, 다른 사람과 생긴 갈등을 해결하는 일 등이 모두 그런 활동에 속한다.

치료 모임에서 자기 이야기를 할 때는 분명하고 간단하게 하는 것이 회복에 큰 도움이 된다. 사람들은 치료를 받을 때나 안 받을 때나 비슷한 식으로 말하고 행동한다고들 한다. 그러므로 심리 치료사나 그룹 사람들에게 자신이 어떻게 행동하고 있는지 물어보는 것도 좋다.

끝으로, '전이'라는 문제가 있다. 상담자나 심리 치료사, 그룹과의 관계에 대한 느낌과 갈등이 다 전이에 포함된다. 분노나 수치심, 죄의식 같은 것이나 아주 사소한 것처럼 생각되는 것이라도 자신의 감정을 정확하게 표현하려고 노력하자. 그런 감정들이 나쁘거나 부당한 것일까 봐 두려울 수도 있겠지만, 당신이 느끼는 감정은 항상 옳다.

회복 과정에 충분한 신뢰가 생겨 자신을 드러낼 수 있게 되었다면, 이제 핵심적인 문제들에 관해 의식적인 노력을 시작할 준비가 된 것이다. 9장에서 더 자세히 소개할 것이다.

9장

내면 아이를 아프게 하는
크고 작은 문제들

삶을 괴롭게
만드는 것들

──────────────── 의식적인 것이든 무의식적인 것
이든, 자신에게 불리하거나 변화를 필요로 하는 갈등, 걱정, 잠
재적인 사안은 모두 문제가 된다. 그중에서도 상처받은 내면
아이를 치유하기 위해 꼭 다루어야 할 핵심적인 문제인 열네
가지를 알아본다.

그래비츠와 바우든, 커맥, 브라운, 피셔 같은 의사와 학자들
은 핵심적인 문제로 통제, 신뢰, 감정, 과도한 책임감을 갖는
것, 자신의 욕구를 외면하는 것, 전부 아니면 전무 식의 사고와

행동, 옳지 않은 행동을 지나치게 참는 것, 낮은 자존감 등 여덟 가지를 언급했다.

나는 그들이 말한 핵심적인 문제 외에도 진정한 존재가 되는 것, 슬퍼하지 못한 상실을 슬퍼하는 것, 버려짐에 대한 두려움, 갈등의 해결에 관한 어려움, 수치심, 사랑을 주고받는 것을 어려워하는 것을 더해 열 네가지를 정리했다.

우리 삶에서 일어나는 문제는 우리를 도와 주고 지지하는 사람들과 함께 해결할 수 있다. 처음에는 어떤 모습으로 나타나는지 명확하지 않을 수도 있고 일생생활에서 드러나기도 한다. 끊임없이 문제를 이야기하다 보면 어떤 핵심 문제와 관련이 있는지 알게 되고 결국 혼란, 불만, 부정적인 생활패턴에서 벗어날 수 있게 된다.

핵심적인 문제들을 방치하면 내면 아이는 고통스러울 수밖에 없다. 이 핵심적인 문제들이 어떤 모습으로 나타나는지 이해하고, 자신에게 어떤 문제가 있는가를 아는 것은 내면 아이를 치유하는 데 무척 중요하다.

흑과 백만 있는 사고방식

좋으면 좋고 싫으면 싫은, 중간이 없는 사람이 있다. 어찌 보면 좋고 싫음이 분명해 보일 수도 있지만, 내면 아이가 아픈 사람들에게서 많이 나타나는 전형적인 모습이다. 중간이 없으니 사람을 좋아하면 완전히 빠져들고, 미워하면 철천지원수처럼 완벽하게 미워한다. 이처럼 전부 아니면 전무라고 생각하고 행동을 극단적으로 하는 것은 고통에 대한 방어 기제로 '분리'라고 한다.

건강한 사람들은 모든 사람에게 좋은 면과 나쁜 면이 있다는 것을 인정한다. 그런데 내면 아이가 아픈 사람들은 그렇게 생각하지 못한다. 세상에 오직 좋은 사람과 나쁜 사람만 있다고 믿는다. 다른 사람만 극단적으로 판단하는 것이 아니라, 자기 자신에 대해서도 똑같이 그처럼 가혹하게 판단한다.

전부 아니면 전무 식의 생각이 확고해질수록 행동도 극단적으로 하게 된다. 따라서 전부 아니면 전무 식의 사고와 행동은 스스로를 곤란한 상황에 빠뜨리고, 불필요한 고통을 안겨준다. 가끔 전부 아니면 전무 식으로 생각하고 행동하는 사람들에게 끌릴 때도 있다. 그러나 이런 사람 주변에 있으면 곤란하고 고통스러워지기만 할 뿐이다.

앞에서 문제 가정을 만드는 부모의 조건을 살펴보았다. 전부 아니면 전무 식의 사고는 그런 조건과 함께 나타나기도 하지만, 종교적으로 근본주의를 따르는 부모들에게서 자주 나타난다. 그들은 지나치게 엄격하고 벌을 자주 내리며, 비판적이고 완벽을 추구하는 경향이 강하다. 이런 것들은 모두 수치심에 기반을 둔 것으로 참 자아를 감추거나 파괴하려 들기도 한다.

전부 아니면 전무 식의 사고는 자신의 가능성과 선택의 범위를 비현실적으로 제한한다는 점에서, 심각한 알코올의존증, 상호의존증, 심각한 중독 및 집착 증세와 비슷하다. 그렇게 자신을 가둬버리면 감정이 위축될 뿐 아니라, 창의적인 사람이 될 수 없으며, 일상생활 속에서 제대로 성장할 수도 없다.

회복 과정을 거치다 보면 우리의 삶이 전부 아니면 전무 식, 혹은 흑백논리로 돌아가는 것이 거의 없다는 것을 알 수 있다. 회복 작업도 마찬가지이다. 삶은 오히려 중간적인 위치에 속한 경우가 많다. 회색의 음영도 있고, '0'이나 '10'이 아닌 '3, 4, 5, 6, 7' 같은 중간도 있다.

고통과 혼란을 만드는 통제

통제는 참 자아의 삶을 가장 힘들게 하는 문제 중 하나이다. 아무리 다른 사람이나 자신의 행동을 통제하려는 생각에서 벗어나려 해도, 거짓된 자아는 그 개념을 꼭 붙들고 놓으려고 하지 않는다. 그 결과 정서적인 고통과 혼란, 좌절에 빠지는 경우가 종종 있다.

인생을 통제할 수 있는 사람은 없다. 통제하려고 하면 할수록 통제하지 못한다는 생각만 들 뿐이다. 이는 통제하는 것에 지나치게 집중하기 때문이다. 자신이 통제할 수 없다고 느끼는 사람일수록 통제하려는 욕구에 사로잡혀 있는 경우가 많다.

통제는 집착이라는 말로도 바꿀 수 있다. 현명한 사람은 통제에 대한 집착과 욕구가 고통의 근원임을 잘 알고 있다. 고통도 분명히 삶의 일부이다. 사람은 어느 정도 고통을 겪고 나면 다른 대안을 생각하기 시작한다. 그렇기 때문에 고통은 마음의 평화로 이끄는 길이라고 생각할 수도 있다.

고통에서 벗어나게 해주는 대안 중 하나는 항복이다. 자신의 거짓된 자아를 내주고, 모든 것을 통제할 수 있다는 집착을 버리는 것이다. 저항을 계속하면 고통이 생긴다. 통제하려는 욕구를 포기하면 치유 효과는 강력해진다. 이때의 자유는 참 자아의 자유이다.

여기서 항복은 전쟁에서 진 군인들이 하는 '항복'이나 '포기'의 의미가 아니고, 통제와의 싸움에서 이기고, 그 결과 필요 없는 고통을 개선시키는 것이다. 이것은 달성해야 할 하나의 목표가 아니라 삶에서 늘 진행해야 하는 과정이다.

통제하고자 하는 욕구는 의지력, 통제력을 잃는 것에 대한 두려움, 독립과 의존, 신뢰, 감정의 경험, 분노와 자존감, 수치심, 자발성, 스스로를 돌보는 것, 전부 아니면 전무 식의 사고, 자신과 타인에 대한 기대 등과 같은 중요한 문제들을 포함하고 있다. 많은 사람들이 이런 중요한 문제에 제대로 대처하지 못하면서 극복했다고 믿는다. 다시 말하면 이런 문제들과 다른 문제들까지 모두 통제하고 있다고 믿는 것이다. 심지어 인생 자체를 통제할 수 있다고 믿기도 한다.

삶을 통제할 수 없다는 것을 깨닫는 것은 힘든 일이다. 우리가 어떻게 해도, 강력하고 이해하기 힘든 삶의 과정은 계속 진행된다. 삶은 우리가 이해하기에는 너무나 다채롭고, 즉흥적이며, 제멋대로여서 통제할 수가 없다. 하물며 거짓된 자아를 통제하는 우리의 생각으로는 더더욱 통제할 수 없다.

통제로 인한 고통에서 벗어나려면 삶을 통제하려는 욕구를 버리고 스스로의 삶을 만들어 나가야 한다. 회복 과정에서 영적인 면이 중요한 역할을 하는 것도 바로 이 부분이다. 이때는 알코올의존증 환자 가정 모임, 폭식자 모임 같은 데 참석하거나 회복 프로그램을 하면 많은 도움을 받을 수 있다.

적절한 사람들에게 도움을 청하거나 그냥 놓아버리는 것도 문제를 해결하는 바람직한 방법 중 하나이다. 그렇게 했을 때 비로소 참 자아를 발견할 수 있으며, 더욱 생동감 있는 삶을 시작할 수 있다.

거짓 자아가 만드는 과도한 책임감

문제 가정이나 역기능 가정에서 자란 사람들은 대부분 과도한 책임감을 갖도록 배우며 자랐다. 그렇게 하는 것만이 분노, 두려움, 상처 같은 고통스러운 감정에서 벗어날 수 있는 유일한 길인 것처럼 보였기 때문이다. 또 그렇게 하면서 자신이 상황을 통제하고 있다는 착각을 하기도 한다. 과거에 효과를 봤던 방법이 언제나 도움이 되는 것은 아니다.

40세의 내 내담자 중 한 명은 회사에서 무엇을 요구해도 늘 "예"라고 대답하는 사람이었다. 예스맨으로 사느라 큰 고통을 겪었던 그는 2년 동안 그룹 치료에 참여해 열심히 노력했다. 또 효과적으로 자기주장을 펼치는 강연에 참석함으로써 거절하는 법도 배웠다. 그리고 자기가 할 수 없거나 하고 싶지 않은 일은 다른 사람에게 하게 했다. 현재 그는 열심히 자신의 참 자아, 자신의 내면 아이를 찾아가고 있는 중이다.

과도한 책임감을 갖는 것도 문제지만, 무책임하고 수동적이며 자신이 세상의 피해자라고 여기고 사는 사람들도 많다. 이런 사람들도 회복 프로그램에 참여하면 도움을 받을 수 있다.

자신의 욕구를 버리고 외면하는 것은 과도한 책임감과 밀접한 관계가 있다. 둘 다 거짓 자아가 하는 행동들이다. 인간의 욕구를 설명한 표를 다시 보거나 쉽게 볼 수 있는 곳에 붙여놓는 것이 도움이 된다.

회복 단계를 지켜보고 거치면서, 사람들은 이런 욕구들이 건전한 방식으로 충족될 수 있는 장소와 사람들은 찾기 시작한다. 그리고 자신의 욕구가 조금씩 충족될수록 매우 중요한 진실 하나를 알게 된다. 자신이 원하는 것을 얻는 데 도움을 주는 가장 강력하고 효과적이며 큰 영향력을 발휘하는 사람은 바로 '자기 자신'이라는 점이다. 이 사실을 더욱 잘 알게 될수록 더 많은 것을 추구하고 찾으면서 자신의 진정한 욕구를 깨닫게 된다.

그렇게 하는 동안 내면 아이는 깊은 잠에서 깨어나 활발히 성장하고 창의적인 활동을 한다. 버지니아 사티어는 이렇게 말했다. "우리는 자신을 기적과 같은 존재로, 그리고 사랑할 가치가 있는 존재로 보아야 합니다."

옳지 않은 행동을 지나치게 참는 것

문제 가정이나 역기능 가정에서 성장한 아이들은 대부분 무엇이 정상적이고, 건전하며, 적절한지 모른 채 자란다. 자신이 처한 현실을 평가할 기준이 없기 때문에 일관성도 없고, 트라우마와 고통이 가득한 자신의 가정과 삶을 '원래 그런 것'이라고 생각한다.

사실 우리가 거짓 자아의 행세를 하고 있을 때는 문제가 있는 가정이나 친구 관계, 직장에서의 생활이 개선되는 것 같아 보여도 계속 그 상태일 뿐이다. 다른 방식이 있다는 것을 깨닫기 어렵다. 회복 과정에서 유능하고 안전한 사람들로부터 올바른 지도와 피드백을 받으면 점차 어떤 것이 건전하고 적절한지 알 수 있게 된다.

30세 팀은 두 달 동안 치료 모임에 참석했다. 그는 다음과 같은 이야기를 들려주었다.

"어렸을 때 나는 늘 어딘가에 갇힌 것 같은 기분을 느꼈습니다. 그렇게 갇혀서, 술을 마신 아버지의 거친 말과 행동을 죽 지켜봐야 했죠. 그런 일은 매일 밤, 아니 일주일 내내 계속됐어요. 그런 아버지에게서 벗어나려고 할 때마다 죄책감을 느꼈고, 어머니 역시 내가 이기적이라는 말로 죄책감을 부추겼죠.

어른이 되어서도 나는 사람들이 나를 함부로 대하는 것을 그
냥 내버려 두었습니다. 모두가 날 밟고 지나가게 내버려 두었
죠. 하지만 문제 가정에서 자란 아이에 대해 알게 되고, 그에
관한 책을 읽고 여러 모임에 참석하면서 나에게 문제가 있다
는 생각을 하게 되었어요."

팀은 자신이 타인의 옳지 않은 행동을 지나치게 참고 있다는
것을 깨닫고, 그런 미묘한 형태의 학대에서 조금씩 벗어나기
시작했다. 지나친 책임감을 갖는 것이나 자신의 욕구를 묵살하
는 것, 수치심과 낮은 자존감들도 모두 옳지 않은 행동을 지나
치게 참는 것과 연관되어 있다.

버려질지도 모른다는 두려움

우리는 세상에 태어난 그 순간부터 버려질까 봐 두려워하는
마음을 갖는다. 이런 마음은 신뢰와 깊은 관련이 있으며, 문제
가정에서 자란 성인 아이들에게 과도하게 나타난다. 그래서 그
런 두려움에 맞서기 위해 불신을 선택하는 경우가 많다. 상처
를 받기 싫어서 마음의 문을 아예 닫아버리는 것이다.

내 내담자들은 어렸을 때 부모가 벌을 줄 때마다 어딘가로
가버리겠다거나, 자신을 버리겠다는 위협을 했다고 털어놓았

다. 이런 위협은 아이에게 매우 잔인하고 큰 상처를 남긴다. 겉으로는 별거 아닌 것처럼 들리지만 사실은 교묘하게 아이를 학대하는 것이다.

34세의 후안은 성공한 작가로 문제 가정에서 자랐다. 모임에 나온 그는 다음과 같은 이야기를 들려 주었다.

"다섯 살 이전의 일은 잘 기억나지 않아요. 하지만 그때 아버지가 갑자기 나와 어머니, 동생을 떠났다는 것만은 똑똑히 기억합니다. 아버지는 어머니한테 서부를 떠나 할 일이 생겼다고 말했고 돌아올 거라고도 했죠. 그러나 나와 동생에게는 아무 말도 하지 않았어요.

어머니는 나를 400킬로미터나 떨어진 지역에 살고 있는 고모에게 보냈습니다. 왜 그래야 하는지 이유조차 말해 주지 않았어요. 그때 나는 엄청난 충격을 받았을 거예요. 나는 최근까지도 그때 받은 충격을 부정했어요.

하지만 지난 몇 달 동안 날 버린 그 몹쓸 인간과 날 거부한 어머니에 대한 감정을 불러내기 시작했습니다. 내 안에 남아 있는 어린아이에게는 정말 큰 상처가 아닐 수 없었죠. 이제는 그 일에 대해 마음껏 화를 내기 시작했습니다.

날 버린 사람들에 대해 내가 배운 대응 방식은 그들과 너무 가까워지지 않는 것이었어요. 아주 가깝게 지냈던 여자들도 몇 명 있었습니다. 하지만 그들과 문제가 생기면 나는 바로 그들 곁을 떠났어요. 지금 생각해 보면, 그들이 날 떠나기 전에 내가 버리겠다는 마음이었던 것 같아요."

후안은 회복 과정에서 '포기'를 배우며 트라우마와 분노를 다스리는 법을 배우고 있다.

갈등의 해결을 어려워하는 것

갈등에 대한 대처와 해결을 어려워하는 것 또한 대부분의 성인 아이에게 자주 나타나는 문제이다. 이 문제는 다른 문제들과 서로 긴밀한 영향을 주고받는다. 문제 가정에서 자라면 갈등이 생길 만한 상황을 가능한 한 피하는 법을 배우게 된다. 또 갈등이 생겼을 때 뒤로 물러나는 법도 깨우친다. 가끔은 공격적인 마음이 생기거나 상대방을 제압하고 싶은 마음이 들 때도 있지만, 이런 방법들이 효과를 거두지 못하면 그때는 속을 알 수 없는 의뭉스럽고 교활한 사람이 된다.

내면 아이를 치유하는 회복 과정은 갈등을 거듭해서 발견하고 각각의 갈등에 효과적으로 대처하는 것에 기반을 둔다. 그러나 갈등에 다가설수록 느껴지는 두렵고 고통스러운 기분을 감당하기에는 너무도 힘들다. 그래서 고통과 갈등에 정면으로 맞서지 않고 예전에 하던 대로 하고 싶은 마음이 생길 수 있다. '나 혼자서도 해결할 수 있어.'와 같은 마음도 이에 포함된다. 혼자 힘으로 늘 잘 해결했던 것은 아닌데 말이다.

조앤은 7개월 동안 역기능 가정의 성인 아이를 위한 그룹 치료에 참여한 40세 여성이다. 모임에서 그녀는 늘 주도적인 위치에 있고 싶어 했다. 그러다 켄이 모임에 나오기 시작했는데, 그는 조앤에게 조금도 지지 않으려고 했다. 가끔은 켄이 너무 공격적으로 나오는 바람에, 조앤은 자신의 위치를 고수하는 것이 힘들어졌고 불만스러운 마음도 생겼다. 그렇게 켄과 몇 차례 언쟁을 벌인 뒤 조앤은 모임을 그만두겠다고 선언했다. 회원들을 통해 두 사람 사이의 갈등을 알게 된 모임의 리더는 이렇게 말했다.

"켄과 조앤을 포함한 회원 여러분 모두는 회복의 중요한 단계에 와 있습니다. 여러분은 지금 매우 중요한 갈등의 한가운데에 서 있어요. 이곳에서는 기회가 있습니다. 이 모임은 여러분이 가진 핵심 문제를 해결하기에 안전한 곳이니까요. 과거에는 갈등이 생기면 어떻게 행동했죠?"

회원들은 갈등이 벌어졌을 때 어떻게 도망쳤고 공격적으로 행동했으며 교활해지기까지 했는지 각자의 이야기를 주고받았다. 그러다 회원 중 한 사람이 조앤에게 말했다. "당신에게 극복할 수 있는 기회가 생긴 거예요. 난 당신이 떠나지 않았으면 좋겠어요." 조앤은 생각해 보겠다고 했고, 며칠 뒤 모임에 남기로 결정했다고 말했다.

그녀는 사람들이 자신을 지지해 주지 않는다고 느꼈고, 켄이 모임에 나온 뒤부터 더욱 그런 기분이 들었다고 했다. 여러 가지 문제들이 드러나면서, 조앤은 예전부터 자신이 스스로의 욕구를 파악하고 그것을 만족시키는 능력이 부족했다는 것을 알게 되었다. 그녀는 늘 부모에게 인정받지 못하고 사랑받지 못한다는 생각을 갖고 살았다. 조앤과 켄 그리고 다른 회원들은 자신들의 갈등을 해결하기 위해 노력했고, 결국 그렇게 되었다.

갈등에 대처하고 해결할 때는 자신이 그런 상황에 처해 있다는 것을 먼저 인식해야 한다. 그런 다음 안전하다는 판단이 들면 자신의 걱정과 기분, 원하는 것을 솔직히 밝혀야 한다. 여러 차례 갈등을 접하다 보면 과거에 겪었던 갈등과 현재의 갈등을 인식하고 해결하는 법을 배우게 된다.

자신의 문제를 말하는 것이
치유의 시작이다

──────────── 회복 과정을 거치면 마음속 깊은 곳에 있는 참 자아, 그곳에 숨겨져 있던 경험과 두려움, 버려진 것에 대한 슬픔을 말하기 시작한다. 자신을 이해해 주는 사람들 앞에서 자신의 기분과 걱정, 혼란, 갈등을 털어놓을 때는 그렇지 않은 상황이라면 절대 말하지 못할 이야기도 하게 된다. 자신의 이야기를 함으로써 가장 많은 도움을 받고 가장 큰 치료 효과를 보는 사람은 바로 자신이다. 시작해 보지 않고서는 어떻게 끌어내야 할지 알지 못한다.

그러므로 문제나 걱정이 무엇이든 상관없이, 모험을 한다는 심정으로 안전한 사람들과 자신의 이야기를 공유하면 늘 마음속에 있으면서 고통을 주던 불필요한 짐으로부터 벗어날 수 있다. 그리고 마음에서 우러나온 말, 자신의 참 자아에서 우러나온 이야기를 함으로써 자신에 대한 진실을 발견하게 된다. 그것이 바로 '치유'이다.

치유 초기에 핵심 문제나 감정들에 부딪히면 거짓 자아는 그것들을 다른 것으로 위장하는 경우가 많다. 회복 과정에서 우리가 해야 할 일은 문제가 나타났을 때 그것을 정확히 인식하는 것이다. 자신의 문제가 무엇인지 잘 모르는 경우가 많기 때문에 다른 사람과 대화하며 알아보는 것이 좋다. 때로는 다른 사람들이 나보다 나를 더 정확히 보고 있기 때문이다. 따라서 자신이 갖고 있는 걱정거리를 안전한 사람들에게 털어놓음으로써 자신의 문제를 알 수 있다.

믿고 신뢰할 만한 사람들과 친밀한 인간관계를 맺으면 핵심 문제들이 비교적 쉽게 모습을 드러낸다. 친밀한 관계에서는 다른 사람들과는 좀처럼 나누지 않았던 자신의 일부를 공유하게 된다. 그런 공유는 신뢰나 감정, 책임감 등을 유발한다. 따라서 자신은 물론 여러 사람들이 다른 사람과 더불어 진정한 자아를 찾을 수 있다.

회복 과정에서는 친밀한 인간관계를 맺을 기회가 여러 번 생긴다. 상담사, 심리 치료사, 그룹 치료 회원들과의 관계는 많은 문제를 촉발시킬 수 있고 실제로도 그렇다. 이런 문제들에 건설적으로 대처할 수 있으려면 참 자아가 되는 연습을 최대한 많이 해야 한다. 그렇게 되려면 불필요한 것을 버리고, 신뢰하고, 위험을 감수하며, 기꺼이 참여할 수 있어야 한다. 이 모든 것은 우리를 두렵게 만들기도 한다.

생활이 크게 바뀌는 것, 집이나 놀이 모임, 직장에서 성과를 요구하는 것, 특히 부모나 가족을 방문하는 것도 핵심 문제를 촉발시킬 수 있는 상황에 속한다. 견디기 힘든 감정이나 좌절, 문제에 직면했을 때 진짜 자기 모습을 찾고, 자신이 믿을 수 있는 사람과 참 자아를 공유한다면 그런 것들로부터 자유로워질 수 있다. 지금부터는 우리가 겪는 여러 가지 감정들과 그 감정들을 치유에 활용하는 방법을 소개할 것이다.

10장

감정을 두려워하지 않는 연습

감정을 인지하고
감정을 표현하라

───────────────── 내면 아이를 치유하려면 자신의
감정을 인식하고 건강하게 대처하는 방법을 배워야 한다. 문제
가정이나 역기능 가정에서 자란 사람들은 감정을 대하는 게 서
툴다. 욕구를 제대로 충족시키지 못하면서 자랐기 때문이다.

문제 가정의 부모나 다른 가족들이 지지하고, 돌보고, 수용하
고, 존중하지 않기 때문에 그 안에서는 감정을 나눌 사람을 찾
지 못할 때가 많다. 그럴 때 받는 정서적인 고통이 너무나 커서
여러 가지 건전하지 못한 방어 기제를 사용해 자신을 방어하려

든다. 그러고는 스스로도 인식하지 못하도록 자신의 감정을 차단시켜 버린다. 그렇게 하면 비록 대가는 따르더라도 살아남을 수는 있기 때문에 무감각해지고, 주위와 담을 쌓으며, 거짓된 자아로 살게 된다. 참 자아로 살지 못하면 삶의 의욕을 잃고 좌절감과 혼란을 느끼게 된다. 그뿐만이 아니다. 세상이 자신을 고통스럽게 만든다는 피해의식에 사로잡힌다.

36세인 빌은 사람들과의 관계를 잘 풀어나가지 못했다. 그룹 치료를 하고 있는 그는 어느 날 이렇게 말했다.

"나는 내 감정들을 증오했고, 여기에서 그 감정들에 대해 말해 보라고 권하는 것도 정말 싫었습니다. 그룹 치료를 2년이나 받고 나서야 나는 내 감정들이 얼마나 중요한지 알 수 있게 되었죠. 심지어 내 감정을 즐기게 되었습니다. 물론 고통스러운 것들도 있었지만요. 감정을 느끼게 된 순간부터 나는 더욱 살아 있음을 느낍니다."

이런 고통과 피해자의 자리에서 벗어나는 길은 자신의 감정을 확인하고 경험하는 것뿐이다. 사람은 모두 각자의 감정을 갖고 있으며, 감정을 인식하고, 왜 그런 감정이 생긴 건지 이야기를 나누는 것이 중요하다. 우리는 감정과 친구가 될 수 있다. 감정에 적절하게 대처하면 우리를 배신하지 않는다. 통제력을 잃지도 않으며 압도되거나 파묻힐 일도 없다.

감정은
연결고리다

———————————— 감정은 자기 자신을 인지하는 중요한 수단이자 세상에 대한 반응이며 살아 있음을 느끼는 방법이다. 자신의 감정을 알지 못하면 삶을 진정으로 깨달을 수 없다. 감정은 경험이 요약된 것이며 그것이 좋은지 나쁜지 말해 주기도 한다. 또한 감정은 자기 자신과 타인, 세상과 관계를 맺는 데 건강한 연결 고리가 되어 준다.

사람이 느낄 수 있는 감정은 참으로 다양하다. 하지만 크게 보면 사람의 감정은 즐거운 감정과 고통스러운 감정 두 가지로 구분할 수 있다. 즐거운 감정은 우리에게 힘을 주고, 행복감을 느끼게 해 주며, 기분 좋게 만들어 준다. 반면 고통스러운 감정은 행복을 느끼지 못하게 만들고, 에너지를 고갈시키며, 공허하고 외로운 기분이 들게 한다.

그러나 고통스럽기는 해도, 새로운 일이 벌어질 것 같거나 우리가 관심을 가져야 한다고 알리는 감정도 있다. 자신의 감정을 제대로 인식하고, 그 감정이 처음 생겨났을 때부터 자연스럽게 흘러가도록 해 주면 여러 가지 면에서 이득을 얻을 수 있다.

감정은 우리에게 경고를 하기도 하고 확신을 주기도 한다. 우리가 하는 행동이 어떤지 알려 주는 지표나 계기의 역할도 한다. 또한 뭔가를 성취했다는 기분, 살아 있다는 기분이 들게 해 준다.

우리의 참 자아는 즐거움을 느끼고 고통도 느낀다. 그리고 그 감정을 표현하고 사람들과 함께 나눈다. 그렇지만 거짓된 자아는 대부분 고통스러운 감정만 느끼도록 몰아가고, 그 감정을 내부로 감추며 공유하려 들지 않는다.

이런 즐거운 감정과 고통스러운 감정은 무조건적인 사랑, 행복, 기쁨 등 가장 즐거운 것에서부터 가장 고통스러운 것, 혼란과 무감각에 이르기까지 간단하게 표로 나타낼 수 있다.

이런 식으로 감정을 분류해 보면, 참 자아는 우리가 생각했던 것보다 훨씬 폭넓은 가능성을 갖고 있음을 알 수 있다. 내면 아이를 성장시키는 것은 정신건강의학과 전문의나 상담사들이 말하는 강한 자아, 즉 살아가면서 받는 크고 작은 공격에 대처할 수 있는 유연하고 창의적인 자아와 관계가 있다.

반면 거짓된 자아는 고통스러운 감정에만 반응하거나 아무

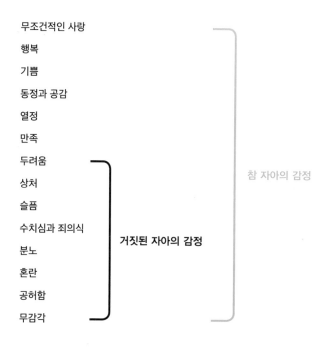

무조건적인 사랑

행복

기쁨

동정과 공감

열정

만족

참 자아의 감정

두려움

상처

슬픔

수치심과 죄의식

거짓된 자아의 감정

분노

혼란

공허함

무감각

감정도 느끼지 못하고 무감각해져서 더욱 위축되는 경향이 있다. 거짓된 자아는 약한 자아, 즉 유연하지 못하고 자기중심적이며 훨씬 엄격한 자아와 관계가 있다. 사람들은 가능성과 기회가 제한된 고통스러운 감정을 감추기 위해 건강하지 못한 방어 기제를 사용하곤 한다.

감정을 인식하는
4단계

────────────── 문제 가정에서 자랐거나 지금도 그 안에서 살고 있는 사람은 살아남기 위해 자아가 갖는 감정의 범위를 제한시킨다. 우리가 감정을 탐색하고 더 잘 느끼게 되면, 감정을 인식하는 4단계를 알게 될 것이다.

1단계 감정과의 단절

감정을 느끼지 못하면 감정에 이름을 붙이고 이용하는 능력도 막히게 된다. 이 단계에서는 감정을 파악하지도 못할 뿐 아니라 참 자아의 상태를 이해하거나 교류하지도 못한다. 피상적인 이야기를 하거나 사실을 전달할 수는 있어도, 다른 사람들과 관계를 맺거나 삶을 경험하고 성장하는 속도는 매우 느리다. 감정의 성장과 공유가 막힌 단계이다.

2단계 탐색 시작

감정을 탐색하기 시작하고, 새롭게 알게 된 감정을 다른 사람과 나누는 것이 조심스럽게 여겨지는 단계이다. 그런 감정은 감정으로서가 아니라 아이디어나 의견으로 포장되어 대화 속에 드러난다. 이 단계에서도 타인과의 상호 작용이나 삶을 경험하고 성장하는 속도는 여전히 느리지만, 1단계에 머물러 있을 때보다는 많이 나아진 상태이다.

사람들은 대부분 감정을 느끼고 표현하고 싶은 마음을 갖고 있음에도 불구하고, 실제로는 그렇게 하지 못한다. 그 때문에 자신의 감정을 솔직하게 인식하거나 공유하지 못하고 1단계와 2단계에 머무르며 기능이 제한된 삶을 살아간다. 이처럼 감정을 제한적으로밖에 활용하지 못하는 것은 거짓된 자아에게는 익숙한 일이다.

3단계 탐색 및 경험

참 자아에 대해 알기 시작하면 자신의 감정을 더욱 깊이 있게 탐험하고 경험할 수 있다. 이 단계에서는 자신의 감정을 느낀 그대로 말한다. 이 과정에서 나에게 중요한 사람들과 더욱 잦은 상호작용을 할 수 있으며, 삶도 훨씬 폭넓게 경험할 수 있다. 따라서 정신적·정서적·영적으로도 성장하게 된다. 3단계에 이르면 자신에 대해 더 잘 알게 되고, 다른 사람들과 친밀한 관계를 맺을 수 있게 된다.

4단계 감정 공유

4단계는 다른 사람과 감정을 공유하는 것으로 양날의 검과 같다. 일단은 나에게 별로 관심이 없고 내 이야기를 별로 듣고 싶어 하지 않는 사람에게 털어놓는 경우가 있다. 그 사람이 1단계나 2단계에 머무르고 있을 수도 있고 아니면 겉으로는 듣는 척하지만 속으로는 자기 생각에만 빠져 있을 수도 있다.

듣는 척만 하는 경우는 그나마 낫다. 경우에 따라서는 훨씬 고통스러운 결과가 일어나기도 한다. 안전하지 않고 지지해 주지도 않는 사람들과 감정을 공유하게 될 수도 있고, 공유하는 것 자체를 거부당할 수도 있으며, 심한 경우 배신까지 당할 수 있다. 다음 이야기는 감정을 공유할 때 어떤 어려움을 겪을 수 있는지 잘 보여 준다.

켄은 34세의 성공한 세일즈맨이다. 그의 아버지와 어머니, 형은 모두 알코올의존증 환자였다. 그룹 치료에서 그는 최근 자신의 생일 파티에 술을 마시지 않는다는 조건으로 형의 참석을 허락했던 일을 이야기했다. 형이 술에 취해 파티를 망칠 수도 있으므로 파티 내내 어떤 기분이 들었는지 회원들이 묻자 그는 "괜찮았어요."라고 대답했다.

회원들이 다시 진짜 어떤 기분이 들었느냐고 묻자 그는 "뭐, 괜찮았어요. 대답은 벌써 해드린 걸로 아는데요."라고 말했다. 회원들은 계속해서 진짜 느꼈던 기분에 관해 말해 보라고 했

기분 상태	의사소통	자아에 대한 노출	감정 공유 대상	감정을 나누기에 부적절한 사람	감정을 나누기에 적절한 사람
1단계 감정과의 단절	피상적인 대화, 사실의 전달	전혀 없음, 눈에 보이는 사실에 그침	없음	대부분	선택된 사람
2단계 탐색 시작	다른 사람들을 만족시킬 만한 아이디어와 의견	조심스럽게, 우연을 가장	조금	경청하지 않는 사람	경청하는 사람
3단계 탐색 및 경험	진실한 단계	기꺼이 개방함	많이	배신하거나 거부하는 사람	안전하고 지지해 주는 사람
4단계 감정 공유	최적의 수준	완벽하여 삶의 질을 높여줌	아주 많음	배신하거나 거부하는 사람	안전하고 지지해 주는 사람

다. 결국 켄은 자신이 두려움, 분노, 좌절, 혼란 같은 감정을 차단시키고 억누르고 있었음을 깨닫고 사람들에게 털어놓았다.

켄은 그룹 치료 회원들의 의견을 통해 많은 것을 얻었다. 그는 3개월 동안 모임에 참여하면서 모임을 자신의 걱정과 혼란을 털어놓을 수 있는 안전한 곳으로 신뢰하기 시작했다. 또한 모임을 통해 참 자아의 일부, 즉 자신의 감정을 찾는 데 도움을 받고 있다.

감정을 공유할 때는 안전하고 자신을 지지해 줄 수 있는 사람들과 함께하는 것이 가장 바람직하다. 문제 가정에서 자란 사람들은 치료 과정 초기에 자신의 감정을 분별없이 이야기했다가 곤란을 겪게 되는 경우가 많다. 모든 사람과 감정을 나누는 것이 적절하지 않을 수도 있다는 것을 쉽게 이해하지 못하기 때문이다.

안전하고 지지해 주는
사람 찾기

———————— 안전한 사람과 안전하지 못한 사람을 어떻게 구분할 수 있을까? 한 가지 방법은 '공유-확인-공유'의 기법을 사용하는 것이다. 타인과 나누고 싶은 감정이 생겼지만 안전한지 아닌지 확신이 서지 않는다면, 일단 자신이 선택한 사람과 조금만 이야기를 나눠 보자. 그런 다음 반응을 살핀다. 귀를 기울이는 것 같지 않거나, 비판하려 하거나, 즉시 뭔가를 충고하려 든다면 더 이상 감정을 나누고 싶은 마음이 사라질 것이다. 틀렸음을 따지려 하거나, 거부하거나, 다른 사람에게 말함으로써 신뢰를 배신하는 사람은 감정을 계속 공유하기에 안전하지 못한 사람들이다.

하지만 자신의 말을 경청하고, 지지를 표하고, 위와 같은 반응을 보이지 않는다면 감정을 공유해도 좋을 만큼 안전하다. 대화를 할 때 눈을 맞추거나, 공감을 표현하거나, 성급히 몰아붙이면서 우리 자신이나 상황, 감정을 변화시키려고 하지 않는 사람도 안전하다. 안전한 사람은 오랜 시간이 지나도 계속 경청하고 지지해 주며, 배신하거나 거부하지 않는다. 감정을 공유하고 반응을 확인하는 연습은 그룹 치료나 상담사, 심리 치료사, 믿을 만한 친구, 사랑하는 사람 등을 통해 할 수 있다.

감정은
내가 아니다

참 자아와 타인을 편하게 느끼고 신뢰할 수 있게 되면 더욱 완벽한 방식으로 자신의 선택에 따라 감정을 드러낼 수 있다. 감정 공유가 이런 식으로 지속되고 성숙해질수록 자신의 감정을 지켜볼 수 있게 된다. 그러면서 치료의 강력한 원칙 한 가지를 깨닫는다.

감정은 분명 우리가 살아있음을 느끼고, 자신과 타인을 알아가면서 즐거운 시간을 보내는 데 도움이 된다. 하지만 감정이 곧 우리 자신은 아니다. 감정은 무척 소중하지만 그렇다고 무작정 감정에 끌려가거나 지배를 당해서도 안 된다. 감정의 피해자처럼 굴어서도 안 된다. 감정을 자유롭게 느끼면서도 한걸음 떨어져서 지켜볼 수 있어야 한다. 그러면서 감정의 조화를 이루어야 한다. 이 단계는 상당히 높은 수준이라고 할 수 있다.

감정을 충분히 경험할 때 행복해진다

———————— 감정은 각각 정반대의 것이 존재한다. 고통스러운 감정을 인식하고, 경험하고, 자유롭게 풀어놓으면 점차 즐거운 감정으로 바뀐다. 그러면 고통이 즐거움으로, 저주가 선물로 바뀌면서 고마움을 경험할 수 있다.

감정은 의지 및 지성과 공동으로 작용해서 우리가 생활하고 성장하는 것을 돕는다. 감정을 거부하고, 왜곡하고, 억압하고, 억누르면 자연스러운 흐름을 막는 것밖에 안 된다. 감정의 흐름이 막혀버리면 스트레스를 받거나 병이 생긴다. 반면 감정을 인식하고, 공유하고, 받아들인 다음 자유롭게 풀어놓으면 더욱 건강해지고 내적인 평화를 얻을 수 있다.

감정을 자연스레 받아들일 때 까지는 시간이 필요하다. 이 시간은 성장하고 행복해지는 데 필수적인 요건이다. 고통스러운 감정에서 벗어나는 방법은 '겪어내는 것'뿐이다. 나는 고통

고통스러운 감정	즐거운 감정
두려움	희망
분노	애정
슬픔	기쁨
미움	사랑
외로움	공동체 의식
상처	구원
지루함	몰입
불만	만족
열등감	자존감
의심	신뢰
충동	끌림
부끄러움	호기심
혼란	명확함
거부	지지
욕구 불만	충족
약함	강함
죄의식	결백함
수치심	자부심
공허함	만족감, 성취감

스러운 감정을 '부정적인 감정'이라고 하지 않는다. 이런 감정을 어떻게 받아들이고 대처하느냐에 따라 긍정적이거나 유용할 수 있기 때문이다. 또한 두려움, 분노, 수치심은 무엇인가 해

결해야 할 감정적·정서적 문제가 있음을 알려주는 신호탄이다. 그런 감정 때문에 스스로를 무가치하거나 한심하다고 생각해서는 안 된다.

감정은 우리가 성장하는 데 매우 중요한 역할을 한다. 감정 중에서도 특히 슬픔이 그렇다. 자신이 중요하게 여기는 무언가를 잃으면 충분히 슬퍼해야 비로소 성장할 수 있다. 슬픔에 관해서는 11장에서 자세히 소개할 것이다.

11장

부정하고 슬퍼하고 상실을 경험하라

해소하지 못한 슬픔이
불만과 긴장감을 낳는다

누구나 살아가면서 수많은 트라우마를 겪는다. 트라우마는 곧 상실이다. 진짜든 위협이든 가해지는 것이든 상관없다. 상실은 원래 갖고 있으면서 소중하게 여겼던 것, 우리가 필요로 하거나 원하는 것을 빼앗기거나 없이 지내야 하는 것을 말한다.

사소한 상실이나 트라우마는 너무 흔하고 교묘해서 인식하지 못하고 넘어가는 경우도 많다. 하지만 모든 상실은 고통과 불행을 낳는다. 우리는 이런 고통과 감정을 '슬픔' 혹은 '슬퍼하는 과정'이라고 부른다. 이런 고통스러운 기분을 그대로 겪고, 정확한 이름을 붙이고, 지지해 주는 사람과 함께 나누면 슬픔의 과정을 끝내고 벗어날 수 있다.

슬픔의 과정을 끝마치는 데는 시간이 걸린다. 상실이 클수록 그에 필요한 시간도 더 길어진다. 사소한 것은 몇 시간, 며칠, 몇 주 정도면 충분히 회복된다. 보통 정도의 상실은 한 달에서 1년 혹은 그 이상이 걸리기도 한다. 상실의 정도가 크면 대개 2~4년 또는 그 이상의 시간이 지나야 슬픔에서 건강하게 벗어날 수 있다. 상실이나 트라우마를 겪으면 우리 내부에 있는 에너지가 자극을 받게 되는데 그런 에너지는 반드시 방출시켜야 한다. 에너지를 방출시키지 못하면 조금씩 스트레스가 쌓여 결국 만성 스트레스에 시달리게 된다. 정신건강의학과 전문의인 크리츠버그는 이것을 '만성적인 쇼크 상태'라고 했다.

이런 스트레스가 내부에 쌓여 불만과 팽팽한 긴장감을 초래하는데도, 처음에는 인식하지 못할 수 있다. 이런 상태는 만성적인 불안, 긴장감, 두려움, 신경과민, 분노, 슬픔, 공허함, 불만족, 혼란, 죄의식, 수치심 등 다양한 모습으로 나타난다.

문제 가정에서 자란 사람들 중에는 아예 아무것도 느끼지 못하는 무감각한 상태를 보이는 사람도 있다. 한 사람한테 여러 증상이 나타나기도 하는데 수면 장애나 통증, 기타 신체적인 문제가 생기기도 하고, 외상 후 스트레스 장애 같은 질병이 나타날 수도 있다. 간단히 말하면, 슬픔을 건전한 방식으로 확실히 마무리 짓지 않으면 어떤 식으로든 대가를 치르게 된다는 뜻이다.

어릴 때 상실을 겪었지만 슬퍼하는 것이 허락되지 않았다면 몇 가지 상태를 동반한 채 자랄 수도 있다. 어른이 되어서도 마찬가지여서 자신이나 남한테 피해를 주는 파괴적인 행동을 보이기도 한다. 파괴적인 행동은 모두를 불행하게 하고, 곤란에 빠뜨리며, 위험한 상황을 불러온다.

이런 파괴적인 행동을 거듭 반복하는 것을 '반복 충동'이라 한다. 실제로는 파괴할 의도가 없음에도 일부러 파괴적인 행동을 한두 개 정도 계속 되풀이하려는 무의식적인 충동이다.

문제 가정에서 자라는 아이들은 수많은 상실을 경험하면서도 온전하게 슬퍼하지 못할 때가 많다. 슬퍼하려고 할 때마다 슬픔을 부정하는 말들을 들으면서 스스로 슬픔에 대해 '절대 느끼지 말고 말하지 말라.'는 거대한 차단막을 만들어 버린다.

학습된 패턴이 사춘기를 지나 성인이 될 때까지 계속되면 바꾸기 어렵다. 그러나 내면 아이를 치유하는 과정, 즉 자신의 참 자아를 찾고, 돌보고, 진정한 존재가 되어가는 과정은 해로운 행동을 변화시킨다. 슬픔을 강제로 차단하는 규칙과 행동 유형을 바꾸고 나서야 비로소 혼란과 고통의 사슬에서 자유로워질 수 있다.

일단은 자신이 겪은 상실이나 상처를 인식하고 이름 붙일 수 있어야 한다. 그런 다음에는 그것들을 다시 경험한 뒤 슬픔의 과정을 끝까지 겪어야 한다. 지금껏 그랬던 것처럼 주위만 겉돌거나 피하려고 해서는 안 된다.

슬퍼하는 작업은 몇 가지 방법을 통해 시작할 수 있다.

1. 상실을 인식한다.

2. 자신의 욕구를 인식한다.

3. 자신의 감정을 인식하고 공유한다.

4. 핵심적인 문제를 다룬다.

5. 회복 프로그램에 참여한다.

슬퍼하지 못한
상실 깨닫기

애써 부인해 왔던 상실과 상처

를 인식하기란 그리 쉬운 일이 아니다. 특히 억눌려 있거나 억압되어 있는 상태라면 더욱 그렇다. 오랜 전에 있었던 일을 인식하는 것은 훨씬 더 어렵기 때문이다. 자신의 고통과 불안에 대해 이야기 하는 것이 도움이 될 수는 있지만, 간단한 대화를 통한 치료만으로는 맘껏 슬퍼하지 못한 상실의 감정과 슬픔을 끄집어 내 충분히 슬퍼하기는 어려울 수 있다.

슬퍼하는 작업을 촉진하는 데는 경험을 통한 치료가 큰 도움이 된다. 자신의 속마음이나 가족의 문제를 털어놓을 수 있는 그룹 치료를 하는 것도 좋다. 경험을 통한 치료는 자연스럽게 자신의 감정을 사람들과 나누게 해 준다. 이런 방법이 아니라면 슬픔은 해소되지 않고 인식의 아래에 자리를 잡고 계속 감춰져 있을 뿐이다. 경험을 통한 치료는 슬픔을 인식하는 것뿐 아니라 슬퍼하는 작업을 하는 데도 매우 유용하다.

다음은 슬퍼하지 못한 상실과 상처를 슬퍼함으로써 내면 아이를 치유하는 몇 가지 경험적인 기법이다.

1. 지지해 주는 사람들과 감정 공유하기

2. 이야기하기(자신의 이야기를 들려준다. 과감하게 감정을 표출하고 공유하는 것도 포함된다)

3. 전이 과정 거치기(다른 사람에게 투사하는 것, 그 반대도 포함된

다)

4. 사이코드라마, 재구성, 게슈탈트 치료, 가족 조각

5. 최면 및 그와 관련된 기법

6. 자조 모임에 참여하기

7. 치유 프로그램 실천하기(알코올의존증 환자 모임 등)

8. 그룹 치료(위의 기법들을 연습할 수 있는 안전한 곳에서)

9. 커플 치료나 가족 치료

10. 상상요법

11. 호흡 치료

12. 확언

13. 꿈의 분석

14. 미술, 운동, 놀이 치료

15. 적극적으로 상상하기, 직관 이용하기

16. 명상과 기도

17. 치료에 도움이 되는 신체 활동

18. 일기 쓰기

이러한 경험 기법은 완벽한 회복 프로그램의 맥락에서, 내면 아이의 치료 원칙을 잘 아는 심리 치료사나 상담사의 지도를 받으며 진행되어야 한다. 슬퍼하지 못한 상실을 인식하는 데

도움을 주기 위해 상실의 예를 정리해보았다.

상실의 예	
중요한 사람 (가깝거나 의미 있는 관계)	별거, 이혼, 거부, 방치, 버려짐, 죽음, 낙태, 사산, 질병, 지리적 이동, 집을 떠나야 하는 아이 등
자신의 일부	외모, 질병, 사고, 통제력, 자존감, 독립, 에고, 기대, 삶의 방식, 욕구, 문화적 충격, 직장의 변화 등
어린 시절	건전한 육아, 욕구 충족, 건강한 발달, 과도기 대상(담요, 인형 등), 형제나 다른 가족을 얻거나 잃는 것, 신체적 변화(사춘기, 중년, 노년기 때), 부모의 이혼이나 별거 등
성인	중년이나 노년 등으로의 진행 등
외적인 대상	돈, 부동산, 필수품(열쇠, 지갑 등), 자동차, 정서적인 대상, 수집품 등

상실은 갑자기 일어날 수도 있고, 서서히 오래 지속될 수도 있다. 부분적일 수도 있고, 전체적이거나 불확실하거나 끝이 나지 않을 수도 있다. 단독으로 일어나기도 하고, 여러 개가 동시에 일어나거나 축적된 상태로 나타나기도 한다. 한편 늘 개인적이고, 경우에 따라 상징적일 수도 있다.

상실은 누구나 겪을 수 있는 보편적인 경험이지만, 너무 자주 겪기 때문에 무심코 간과해 버리기 쉽다. 하지만 상실은 늘 자존감을 위협한다. 실제로도 상실은 자존감에 타격을 받을 때 발생한다.

상실은 개별적으로 일어나는 경우가 많지만, 그에 따른 슬픔은 무의식적으로 쌓아둔 과거의 상실까지 불러일으킨다. 슬퍼하지 못한 상실은 무의식 속에 영원히 남아 있으며 시간 개념이 없다. 그러므로 과거의 상실, 또 상실을 기억하게 만드는 현재의 상실이나 과거에 대한 기억은 또 다른 상실에 대한 두려움까지 불러 일으킨다.

간단히 말해서, 과거의 상실과 이별은 현재의 상실과 이별, 애착에 강력한 영향을 미친다. 그리고 이 모든 것은 미래에 다가올 상실에 대한 두려움과 미래에 애착을 형성할 수 있는 우리의 능력과 밀접한 관계가 있다.

슬퍼하지 못한 상실을 인식하는 것은 우리를 붙잡고 있는 고통에서 벗어나는 과정의 시작이다. 상실을 인식하는 것은 알코올의존증과 상호의존증, 기타 트라우마의 결과를 회복하는 과정에서 아주 중요한 역할을 한다.

그러므로 나는 이런 상태에서 슬퍼하고 넘어가야 할 열 가지 상실을 생각해 보았다. 열 가지 상실을 통해 상처를 받은 사람들이 슬퍼하지 못한 자신의 상실을 계속해서 인식할 수 있기를 바란다.

1   개다, 희망, 신념

2   자존감

3   자아의 일부(자존감 외)

4   삶의 방식

5   순간적으로 바뀐 의식 상태 및 고통의 완화(술)

6   과거에 경험하지 못한 인간관계

7   과거에 제대로 진행되지 못한 발달 단계

8   과거에 슬퍼하지 못한 상실이나 정신적인 상처

9   현재 맺고 있는 인간관계에 변화

10 미래의 상실에 대한 위협

슬픔의 색깔은
단계별로 다르다

───────────────── 극심한 슬픔은 몇 가지 과정을 거치면서 일어난다. 처음에는 슬픔이 너무 큰 나머지 충격, 두려움, 불안, 분노와 같은 감정을 느낀다. 그러다 시간이 지나면 점차 처음의 감정들이 물러가고 말로 표현할 수 없는 고통과

절망이 폭풍처럼 밀려온다.

끝날 것 같지 않은 슬픔도 결국에는 끝이 난다. 다만 그 끝은 상실을 둘러싼 조건과 얼마만큼 마음껏 슬퍼할 수 있었느냐에 따라 긍정적으로 끝날 수도 있고, 부정적으로 끝날 수도 있다.

슬픔의 단계를 자세히 살펴보면 다음과 같다.

1단계 충격과 놀람, 부정

슬픔에 처음에는 충격과 놀람 그리고 부정하는 것으로 시작한다. 예를 들어 사랑하는 사람이 어느 날 갑자기 죽음을 맞이했다고 가정해 보자. 우리는 큰 충격을 받고 사실이 아니라며 강하게 부정한다. 사랑하는 사람이 죽었다는 현실을 인정하는 데까지는 꽤 오랜 시간이 걸린다.

2단계 극심한 슬픔

슬픔은 다양한 행동으로 표출된다. 상실에 대한 생각에 사로잡혀 헤어 나오지 못하고, 틀어박혀 있고 싶은 충동을 느낀다. 뭔가가 일어나기를 기다리면서도 아무것도 하지 못하고 방황한다. 안절부절못하며 목적도 없이 방황하기도 하고, 어디로 가야 할지 길을 잃은 것 같은 기분을 느끼기도 한다. 무엇을 해야 할지도 모르고, 어떤 활동도 시작하지 못한다.

시간이 멈춘 것 같은 느낌, 삶이 해체되거나 살 가치가 없는 것처럼 느껴지면서 혼란스러워한다. 모든 것이 진짜가 아닌 것 같은 느낌이 들기도 한다. 그러면서 이러다 정신질환이 생기지는 않을까 하는 두려움에 빠진다.

분노, 죄의식, 수치심을 느낄 수도 있고, 상실한 대상의 특징, 취향, 성격 등을 떠올리며 슬퍼하기도 한다. 과거의 상실로 인해 슬퍼하는 것이라면 과거의 상실과 연관된 어린 시절로 퇴행하거나 그때처럼 느끼고 행동하기도 한다.

슬픔의 시간이 지나면서 고통은 조금씩 줄어들고, 극복할 수 있는 능력이 생긴다. 무기력하게 슬퍼만 하는 것에서 벗어나 상실에서 의미를 찾으려고 노력하고, 상실한 대상이 없어도 새로운 삶을 살아갈 생각을 한다.

3단계 상실과 슬픔의 통합

슬픔이 끝나는 단계이다. 슬픔을 감추지 않고 충분히 슬퍼하면 해피엔딩으로 끝난다. 상실을 있는 그대로 받아들이고 안정된 상태로 돌아간다. 우는 횟수나 강도가 줄어들면서 자존감이 회복된다. 지나간 슬픔에 집착하지 않고 현재와 미래에 초점을 맞춘다. 다시 삶을 즐길 능력을 갖추면서 상실의 자리를 새로운 것으로 채우고, 상실을 고통이 아닌, 의미가 있는 것으로 기억

함으로써 그런 경험을 통해 성장했음을 자각하고 기운을 낸다.

하지만 슬픔의 과정을 제대로 겪지 않으면 결과가 좋지 않다. 우울증과 신체적 통증이 계속되는 상태로 상실을 받아들이고, 자존감도 낮아진다. 몸도 마음도 위축된 상태에서 새로운 것을 맞이하기 때문에 불안감도 크다. 또한 다른 이별이나 상실이 생길지도 모른다는 생각에서 두려워하기도 한다.

슬픔을 단계별로 구분하면 슬픔의 과정을 이해하고 개념화하는 데 도움이 된다. 그러나 단계별로 나타나는 모습은 개별적이지 않다. 순차적으로 진행되는 것도 아니다. 오히려 여러 개가 겹쳐서 나타나거나 여러 영역을 왔다 갔다 하기도 한다.

슬픔을
거부하지 말 것

──────────── 28세의 다나는 심각한 알코올의존증 환자 가정에서 학대를 받으며 자랐다. 그녀 역시 10대 후반에 벌써 알코올의존증 환자가 되었지만, 4년 전에 술을 끊고 치료를 받기 시작했다. 그녀는 2년 동안 그룹 치료를 받으면서 주목할 만한 발전을 보였다. 남자 친구와 헤어졌을 때 그

녀는 모임에 나와 이렇게 말했다.

"마음이 너무 아파요. 이보다 심할 수는 없을 것 같아요. 이 공허함도 견딜 수 없을 만큼 힘드네요. 저는 2주 전에 남자 친구와 헤어졌습니다. 이번 주부터 울기 시작했는데 멈출 수가 없어요. 내 기분이 이토록 엉망인 건 그와 헤어진 것 때문만은 아니라는 생각이 들어요. 내 안의 어린 소녀가 받았던 상실감 때문일 거예요. 나는 매일 밤 울면서 잠이 들어요. 어렸던 내가 그런 대접을 받았다는 것을 믿을 수가 없어요. 하지만 사실이랍니다."

이 말을 하면서 그녀는 눈물을 흘렸다. 하나의 상실, 즉 남자 친구와의 결별을 슬퍼하기 시작하면서 다나는 아직 끝내지 못한 또 다른 상실의 슬픔을 끄집어냈다. 그 상실은 자신의 내면 아이가 받았던 학대와 구박이었다.

슬픔은 단순하지 않다. 다나는 그동안 내면 아이가 겪은 상실을 오랫동안 슬퍼해 왔다. 비록 적절한 방식으로 끝내지는 못했지만 말이다. 그녀는 자신을 함부로 대하는 남자들과 어울려 다니는 충동적인 행동을 되풀이했고, 치료를 시작한 지 1년이 다 될 때까지도 모임의 회원들을 믿지 않았다. 그러나 용기를 내서 조금씩 자기 이야기를 털어놓기 시작했다. 그녀는 거짓된 자아와 반복 충동에서 벗어나 자유로워졌다.

슬픔의 고통을 잘 이겨내려면 슬픔을 있는 그대로 겪어야 한다. 뭔가 다른 것으로 바꾸려고 해서는 안 된다. 그래서 슬픔은 적극적인 성격을 띤다. 슬픔은 정신적·정서적인 노동이며, 우리를 철저히 소진시킨다. 슬픔에 따른 고통을 피하려 드는 것이 오히려 더 고통스러울 때가 많다. 때로 사람들은 다음과 같이 슬픔을 회피하려 든다.

| 슬픔을 회피하는 여섯 가지 방법 |

1   상실을 계속 부정한다.

2   상실을 이치로 해석하려고 한다.

3   감정을 억누른다.

4   마초적인 생각을 갖는다(나는 강해, 나 혼자 이겨낼 수 있어).

5   술의 힘을 빌리거나 다른 것에 탐닉하거나 집착한다.

6   계속해서 잃은 것을 되찾으려는 시도를 한다.

위와 같은 방법은 상실감을 일시적으로 줄일 수는 있다. 하지만 슬픔을 느끼지 않고 피한다면 고통만 지속될 뿐이다. 결국 상실을 피하려고 할 때도 충분히 슬퍼할 때와 같은 양의 에너지를 허비하게 된다.

내면 아이를 치료하면서 오래전에 받았던 상처와 상실을 슬퍼하지 못하고 계속 피하기만 했다는 것을 깨닫는 사람이 많다. 그들은 어떻게 슬퍼해야 할지 몰라 오랫동안 고통을 받은 것이다. 이제는 슬퍼하는 작업을 시작해서 끝내야 할 때이다.

슬플 때는 충분히 슬퍼하고, 슬픔의 감정을 확실히 매듭지어야 마음속에 상처가 남지 않는다. 어떤 감정이 들 때 그런 기분들을 겪고 활성화할 수 있는 방법은 많다. 11장에서는 상실과 정신적인 상처를 인식하기 위한 몇 가지 방법들을 소개했다. 이 가운데 가장 쉽게 활용할 수 있는 방법은 용기를 내서, 지지해 주는 사람들에게 자신의 이야기를 하면서 감정을 공유하는 것이다.

12장

사람들에게 외로웠던 과거의 나를 이야기하라

참 자아를 드러내는 데는
용기가 필요하다

──────────── 오랫동안 감정을 숨기고 거짓 자아로 살아온 사람들은 진솔하게 자기 이야기를 하는 것 자체로 아주 큰 용기를 필요로 한다. 용기를 내는 것은 자기 자신, 내면 아이, 자신의 참 자아를 드러내는 것이다.

과감하게 도전을 했다고 해서 언제나 만족스러운 결과가 나오는 것도 아니다. 어렵게 자기 이야기를 꺼내도 상대방은 수용할 수도 있고 거부할 수도 있다. 혹은 중간적인 반응을 보이기도 한다.

용기를 내서 도전했지만 그 때문에 상처를 받은 사람들이 무척 많다. 어릴 때나 사춘기, 어른이 되어서도 마찬가지이다. 그래서 우리는 다른 사람과 참 자아를 공유하는 것을 꺼리고 용기조차 내지 못한다. 이런 상황은 곧 딜레마로 작용한다.

자신의 감정과 생각, 관심, 창의성을 속으로 억누르면, 내면 아이도 억눌려서 나쁜 기분이 들고 상처를 받는다. 그렇게 억눌린 에너지는 계속 쌓여 있다가 결국에는 다른 누군가에게 푸는 것으로밖에 해결하지 못한다. 문제 가정에서 자란 많은 사람들이 이런 곤란한 상황을 겪는다.

인정받고 싶고 친해지고 싶어서 안전하지도 않고 자신을 지지해 주지도 않는 사람들을 선택하기도 한다. 그런 사람들은 대부분 이야기를 들어주지 않는다. 한 번 거부를 당하면 또 다시 용기를 내어 자기 이야기를 하기가 쉽지 않다. 그래서 다시 감정을 억누르게 되고 이런 악순환은 계속 되풀이된다.

내면 아이를 치유하려면 다른 사람과 상처를 공유해야 한다. 그렇다면 어떻게 시작해야 할까? 감정을 억누르고 있다가 충동적이거나 위험한 방식으로 표출시키지 말고, 한 번에 한 단계씩 착실히 감정을 표현해보자.

일단 믿을 수 있는 친구나 상담사, 심리 치료사, 그룹 치료의 회원들처럼 안전하고 자신을 지지해 주는 사람을 찾아본다. 그리고 용기를 내어 작은 것부터 시작한다. '공유-확인-공유'의 방법을 따르고, 기대하는 효과를 거두었다면 점점 더 많은 것을 공유해 본다.

용기를 내어 참 자아를 공유할 때는 몇 가지 문제들을 겪어야 한다. 신뢰와 통제, 거부에 대한 두려움, 전부 아니면 전무 식의 사고와 행동, 옳지 않은 행동을 지나치게 참는 것 등이다. 그런 문제들이 나타나면 깊이 생각하고 안전한 사람들에게 솔직히 말하는 것이 바람직하다. 용기를 내자. 그러면 자신의 이야기를 시작할 수 있다.

자기 이야기를
털어놓다

──────────────── 자기 이야기를 하는 것은 내면 아이를 찾고 치유하는 데 강력한 힘을 발휘한다. 모든 회복 프로그램의 기본은 바로 자기 이야기를 하는 것이다.

이야기는 기본적으로 분리, 시작, 회귀라는 세 구성으로 이루어진다. 자조 모임의 회복 프로그램에서는 '예전에 어떠했는 가?', '무슨 일이 있었는가?', '지금은 어떠한가?'에 따라 이야기를 진행한다. 그룹 치료를 받는 사람들은 이것을 용기내기, 공유하기, 참여하기, 다 같이 작업하기로 부른다. 개별 치료나 상담에서도 이와 비슷하게 말하며, 가까운 친구들끼리는 '속마음 털어놓기', '마음을 터놓고 하는 대화'라고 부르기도 한다.

자기 이야기를 털어놓고 공유할 때 고통을 지나치게 떠벌리거나 그 속에 빠져만 있으면 역효과가 생긴다. 고통을 부풀려서 말하는 것은 자신을 드러낸다기보다 공격적인 태도를 보이는 것에 가깝다. 또 그렇게 하면 이야기를 끝까지 마무리 짓지 못할 때가 많고, 다시 피해자의 입장이 되어 악순환이 되풀이될 수 있다.

고통에 빠져 있는 것은 건전하게 슬퍼할 기간이 지났는데도 계속해서 괴로움을 표출하는 것이다. 자조 모임에서는 가끔 다음과 같은 위험한 상황이 발생하기도 한다.

어떤 사람이 고통스러운 이야기를 털어놓는데 당장은 적당한 해결책이 없어 보인다. 그러면 다른 회원들은 자기도 모르게 그 사람의 이야기를 '자기 연민'이나 '스스로 동정을 구하는 행위'로 치부해 버릴 수 있다. 자조 모임은 보통 안전하고 지지해 주는 모임이지만, 이 경우 고통을 털어놓은 사람은 다른 곳을 찾아서 말하고 싶은 마음이 생길 수 있다.

시모스는 "슬퍼하는 일은 반드시 여러 사람과 함께 나누어야 한다. 단, 그럴 때는 성급해서도 안 되고, 계속 되풀이한다고 비난하거나 부담스럽게 여겨서도 안 된다. 여러 번 되풀이해야 카타르시스를 느끼고 내면화할 수 있으며, 최종적으로는 상실을 있는 그대로 무의식의 세계에 받아들일 수 있기 때문이다. 상처를 받은 사람은 다른 사람의 기분에 민감하다. 그래서 슬픔을 나누는 것을 부담스러워하는 것처럼 보이는 사람에게는 자기 기분을 드러내지 않으려 할 뿐 아니라 오히려 듣고 있는 사람을 편하게 해 주기 위해 애쓴다."라고 말한다.

자기 이야기를 할 때는 길게 하지 않아도 된다. 자신에게 중요하고 의미 있는 것, 그리고 삶에 혼란을 주고, 갈등을 만들고, 고통스럽게 만드는 이야기를 하면 된다. 용기를 내서 이야기를 하고 대화를 함으로써 자신을 치유할 수 있다. 우리도 다른 사람들의 이야기를 듣고 그들도 우리의 이야기를 들을 수 있지만, 치료 효과를 가장 크게 보는 사람은 자신, 즉 이야기를 하는 사람이다.

이야기를 할 때는 어떤 이야기를 할지 생각해 보게 되는데, 대개는 원래 생각했던 것과 다른 이야기가 나오는 경우가 많다. 자기 이야기의 과정은 다음 페이지 그림에 나타나 있다.

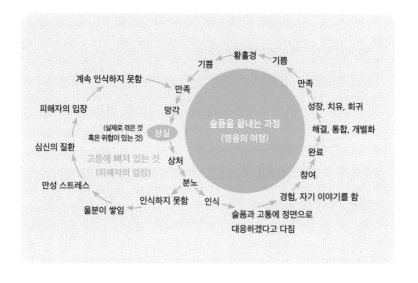

원에서 '만족'이라고 적힌 부분에서 시작하면 우리가 자기 이야기 속에 있다는 것을 잊을 수 있다. 결국 우리는 실제로 일어나든 위협이 있는 것이든 상관없이 매일 상실을 겪으며 살아간다.

그 다음은 슬픔과 성장의 단계이다. 나는 이 그림에서 슬픔의 초기에 겪는 고통을 상처로 표현했다. 사람들은 마음에 상처를 받으면 대개 화를 낸다. 이 시점에서 자신이 상실을 경험하고 있다는 것, 또는 분노로 고통받고 있다는 것을 인식할 수 있다. 그리고 정신적인 고통과 슬픔에 정면으로 대응하겠다는 다짐도 할 수 있다. 자기 이야기가 이런 순환을 거치는 것을 '완료되었다'고 하거나 '영웅의 여정'이라고 부른다.

이와 달리 상실이나 분노에 따른 고통을 인식하지 못할 수도 있다. 그러면 마음에 울분이 쌓이고 자신을 책망하게 되면서 스트레스와 관련된 질병이 나타난다. 그리고 처음에 분노와 슬픔을 잘 다스렸다면 이미 끝났을 고통에 오랫동안 빠져 있게 된다. 이런 식의 순환을 '피해자의 입장' 혹은 '피해자의 순환'이라고 한다.

고통과 슬픔에 정면으로 대처하기로 마음먹었다면 자기 이야기를 솔직히 털어놓고 나누면서 있는 그대로 경험해 보자. 어쩌면 몇 시간, 며칠, 몇 주, 심지어는 몇 달에 걸쳐서 몇 번이고 되풀이해야 이야기를 끝낼 수도 있다. 이 외에도 혼자 깊이 생각하거나 공상을 해볼 수도 있다.

이 과정은 고통스럽지만 과정을 거치고 나면 분노나 갈등을 마무리 지을 수 있다. 고통과 갈등으로 인해 내면 아이가 많은 것을 배우고 치유되고 성장할 수 있다. 그러면 자연스러운 상태, 즉 만족과 기쁨, 창의적 존재 그 자체인 내면 아이가 편히 지내게 된다.

이야기를 시작하기란 여전히 어려울 수 있다. 또 이야기를 할 때 그에 따른 감정을 표현하기도 어렵다. 우리가 인식하고 표현하는 것을 가장 어려워하는 것은 바로 '화'의 감정이다. 화는 슬픔을 끝내고 내면 아이를 치유하는 과정에서 중요한 역할을 한다.

화를 인식하고
표현하기

──────────────── 화는 가장 흔하면서도 중요한 인간의 감정이다. 다른 감정들과 마찬가지로, 화는 우리에게 처리해야 할 것이 있음을 알려주는 지표 역할을 한다.

문제 가정에서 자란 사람들은 자기가 얼마나 화가 났는지, 자신의 화를 인식하고 표현하는 것이 얼마나 중요한지 알지 못할 때가 많다. 아주 오래전에 받았던 정신적인 상처나 학대라고 해도 그렇다. 이런 사람들은 어릴 때부터 반복적인 학대를 받으며 자라 왔다. 물론 교묘히 이루어지는 학대일 수도 있다.

반복적인 학대를 겪은 사람은 아이는 물론이고 어른들도 자신이 학대받고 있다는 것을 인식하지 못하는 경우가 많다. 이들은 자신이 처한 현실을 평가할 기준을 갖고 있지 않기 때문에 과거 자신에게 가해졌거나 지금까지도 이어지는 대우가 옳다고 생각한다. 혹 옳지 않다는 생각이 들더라도 자신이 그런 대접을 받게 행동했다고 생각한다.

그러다가 다른 사람들의 이야기를 들으면서 어떤 것들이 구박과 학대, 방치인지 서서히 알게 된다. 그룹 치료나 개별 치료에서 자신의 감정을 인식하고 표현하는 것은 안정적이고 평화로운 삶을 사는 데 큰 도움이 된다.

자신이 학대받았다는 것을 깨닫고 나면 자신을 자유롭게 하는 데 꼭 필요한 슬픔과 애도의 과정을 시작할 수 있다. 자기 안의 화를 인식하고 표현하는 것은 슬퍼하는 과정에서 매우 중요한 부분을 차지한다.

몇몇 자조 모임에서 실행하는 프로그램의 결점 중 하나는 사람들이 자신의 감정, 특히 고통스러운 감정을 감추려고 하는 것이다. 'H.A.L.T.'라는 말이 있다. 사람들은 너무 배고프거나 hungry 화가 나거나 angry 외롭거나 lonely 지친 tired 상태를 피하고 싶어 한다. 내면 아이가 건강하지 않은 사람은 이 말을 '감정을 억눌러라.'는 뜻으로 받아들이기 쉽지만, 정확한 의미는 '자신을 잘 보살펴서 고통스러운 감정에 휩싸이지 않도록 하라.'는 뜻이다.

회복 단계에 있는 많은 사람들이 화를 드러내는 것을 두려워한다. 그 이유는 감당할 수 없는 화로 인해 통제력을 잃어 버리지 않을지 걱정하기 때문이다. 통제력을 잃으면 다른 사람에게 상처를 주거나 자신도 상처를 받을 수 있고 뭔가 안 좋은 일이 생길 수도 있다. 화는 표면적인 것이 아니라 실제로 존재하는 분노이다. 격렬한 분노에 사로잡히는 것은 굉장히 겁나는 일이기에 화를 인식하고 표현하는 것을 두려워하는 것도 당연하다.

화가 나면 몸이 부들부들 떨리거나, 공황 상태에 빠지거나, 식욕을 잃거나, 흥분을 하는 등 몸과 신경 계통에 여러 가지 증상이 나타난다. 화가 나면 있는 그대로 받아들이고 표출시켜야 비로소 자유로워질 수 있다. 하지만 문제가 있는 가정에서는 감정을 건전하게 인식하고 표현하는 것을 싫어하거나 금지시키기도 한다.

우리는 어릴 때나 어른이 되어서나 트라우마와 상실을 경험한다. 또 그런 일에는 기본적으로 두려움을 갖고 대응한다. 감정 표현이 금지된 상황에서는 자기 자신 때문에 그런 상실이 생겼거나 트라우마를 겪게 된 것이라고 생각하면서 수치심과 죄의식을 느낀다. 그러면서 어느 것 하나 솔직하게 표현하지 못한다. 그렇게 되면 더 화가 나고, 또 그 화를 표현하려다 다시 억눌리게 된다.

이렇게 감정이 거듭 억눌리면 내면 아이는 혼란과 슬픔, 수치심을 느끼고 공허한 상태가 된다. 이런 고통스러운 감정이 계속 쌓이다 표출할 곳을 찾지 못하면 결국 감정을 아예 차단시킨다. 즉 무감각해지는 것을 최선의 방법으로 택하게 된다.

우리는 자라면서 화를 표현하는 여러 방법들이 있다는 것을 알게 된다. 첫째 도저히 참을 수 없을 때까지 계속 억누르는 것, 둘째 억눌린 감정 때문에 몸이나 마음에 병이 생기는 것 혹은 폭발하는 것, 셋째 술에 의존해 고통을 가리는 것, 넷째 지지해 주는 사람들에게 고통을 털어놓고 같이 해결하기 위해 노력하는 것 등이다.

술로 고통을 가리는 것은 순간적인 위로는 될지언정 장기적으로는 효과를 보지 못한다. 또한 알코올의존증은 다른 가족들에게 이어지는 경향이 있기 때문에 부모나 조부모가 그런 상태면 아이들이 위험해질 수 있다.

술로 고통을 다스리는 것은 슬픔을 건전하게 해소하는 것을 막거나 지연시킨다. 문제는 도움을 받을 방법을 찾을 때, 슬픔을 경험하고 극복할 수 있는 상담 프로그램보다는 고통을 줄여주는 술을 더 쉽게 고른다는 점이다.

견디기 힘들 때까지 화를 참고 있다가 폭발하는 것은 문제가정에서 흔히 볼 수 있는 분출 형태이다. 술에 의존하는 것이 무감각해지는 것보다는 나은 방법이라고 생각할 수도 있지만, 안전한 사람들에게 털어놓고 공유하는 것만큼 효과적이지는 않다.

자신의 분노로부터
다른 사람을 지키는 잘못된 방법

11장에서 나는 슬픔을 회피하는 여섯 가지 방법에 대해 말했다. 상실을 계속 부정하기, 상실을 이치로 해석하기, 감정 억누르기, 마초처럼 생각하기, 술에 의존하기, 잃은 것을 되찾으려는 시도하기, 외에도 슬픔을 표출하는 것을 막는 것이 또 있다. 바로 부모와 권위적 위치에 있는 사람들을 자신의 분노로부터 보호하려는 것이다.

슬픔을 겪고 내면 아이를 찾기 전 혹은 찾고 있는 동안에, 부모에게 화를 내는 것은 적절하지 않다. 그 결과 안 좋은 생길 거라는 믿음이나 두려운 마음을 갖게 되기 때문이다. 이런 마음은 '말하지 마라, 믿지 마라, 느끼지 마라.'는 규칙과 연관이 있다. 나는 다음 표에 분노로부터 부모를 보호하는 방법들을 열거해 놓았다.

분노로부터 부모를 보호하는 첫 번째 방법은 전면적으로 부정하는 것이다. "내 어린 시절은 행복했어요.", "나는 정상적인 어린 시절을 보냈습니다."와 같은 말로 부모를 보호한다. 사실 알코올의존증이나 문제 가정에서 자란 성인 아이는 정신적인 충격이 너무 커서 어린 시절의 일들을 75퍼센트 이상 기억하지 못하는 경우가 많다.

하지만 임상 경험을 통해 나는 회복 과정에서 성인 아이 대부분이 부정하던 태도를 극복하고 자신의 상실과 충격을 조금씩 드러내면서 잘 해결해나가는 것을 확인했다. 이때 치료 모임에서 다른 사람의 이야기를 듣는 것도 자기가 겪은 일을 인식하는 데 도움이 된다. 인식하고 나면 화를 비롯한 자신의 슬픔을 표현할 수 있다.

분노로부터 부모를 보호하는 두 번째 방법은 "네, 내 어린 시절은 약간 문제가 있었을 수도 있어요. 하지만 부모님은 최선을 다하셨죠."와 같은 말로 감정과 분리하는 태도를 취하는 것이다. 이렇게 하는 것은 자신의 솔직한 감정에서 멀어지는 것이므로 슬픔의 과정을 통해 고통에서 벗어나는 것에 방해가 된다.

분노로부터 부모를 보호하는 세 번째 방법은 트라우마나 고통을 상상으로 생각하는 것이다. 이 방법은 심리 분석에 바탕을 둔 회복 과정을 밟을 때 우리에게 흔히 주어지는 과제이다. 정신분석학자나 의사는 과거 우리가 어떤 상처를 겪었어도 그

구분	자주 하는 말
전면적인 부정	내 어린 시절은 행복했어요.
감정과 분리하는 태도	네, 내 어린 시절은 약간 문제가 있었을 수도 있어요. 하지만 부모님은 최선을 다하셨죠.
정신적 상처나 고통을 상상으로 생각함	사실은 그런 식으로 일어나지는 않았어요.
종교에 따른 회피	부모님을 공경하지 않으면 하느님이 나한테 화를 내실 거야.
거부에 대한 무의식적인 두려움	내가 화를 내면 부모님은 날 사랑하지 않을 거야.
미지에 대한 두려움	뭔가 진짜 나쁜 일이 생길지도 몰라. 내가 누구를 다치게 하거나 누가 나를 다치게 할 수도 있어.
자신이 비난을 감수함	내가 나빴어요.
부모를 용서함	나는 그분들을 용서할 거예요. 나는 벌써 부모님을 용서했어요.
회복 과정에서 화를 표출시키라고 권유한 사람을 공격함	나한테 화를 표출하라고 하다니 당신 정말 나쁜 사람이군요.

대로 기억하지 못할 수 있다고 한다. 즉 실제로는 큰 상처를 받았지만 상상으로 그것을 포장하고 있을 수도 있다는 것이다.

그렇지만 이런 태도는 상처를 악화시킬 뿐 아니라 내면 아이가 겪는 고통을 또다시 없는 것으로 만들어 버린다. 그리고 결국 "사실은 그런 식으로 일어나지는 않았어요."라고 결론짓게 한다.

어떤 식의 치료나 상담을 받고 있든, 심리 치료사, 상담사, 그룹 치료 회원들로부터 우리가 느끼는 두려움에는 근거가 없고, 반항은 더 이상 불필요하며, 받아들여지고 싶은 욕구가 이미 충족되었음을 인정하라는 요구를 받을 수도 있다. 또한 우리가 부모를 미워한다 해도 사실은 사랑하고 있으며, 그분들이 잘못했던 것은 모두 사랑에서 나온 행동이었다는 말을 듣게 될지도 모른다.

알리스 밀러는 이렇게 말했다. "상담자는 이 모든 것을 다 알고 있다. 하지만 다시 들으면서 기뻐한다. 그런 말을 들으면 이제 막 울기 시작한 내면 아이를 부정하고, 진정시키고, 통제하는 데 도움이 되기 때문이다. 심리 치료나 그룹 치료에서 또는 스스로가 이런 식으로 내면 아이에게 어리석은 감정에서 벗어나라고 말하기도 한다. 현재의 상황은 더 이상 적절하지 않다고 하면서 말이다. 치료는 참 자아를 깨닫고 성숙시키는 긍정적인 결과를 낳을 수도 있다. 그러나 화난 내면 아이를 대하는 방식, 즉 도움을 주지 않으려는 태도 때문에 손상될 수도 있다." 그러므로 학대에서 벗어나고 싶다면 화를 낼 수 있어야 한다.

분노로부터 부모를 보호하는 네 번째 방법은 "네 부모를 공경하라, 그리하면 하느님이 네게 주는 땅에서 네 생명이 길리라."라는 십계명의 계율 때문에 화를 참는 경우이다.

이 문장에서 '공경'이란 말은 정확히 해석하기가 어렵다. 하지만 수 세기를 거치며 살아온 많은 부모들에게 이 말은 "말대답하지 마라."를 비롯해 부모는 아이를 억눌러도 되는 것처럼 받아들여져 왔다. 이 계율 때문에 우리는 '부모님에게 화를 내면 하느님이 나한테 화를 내실 거야. 그건 절대 옳지 않아.' 또는 '부모님에게 화를 내면 나는 못된 인간이 되는 거야.'와 같은 생각을 갖게 될 수 있다.

다른 종교들도 이와 비슷한 계율을 갖고 있다. 그런 계율들은 내면 아이를 억누르고, 참된 존재가 될 수 있는 우리의 능력을 간과하게 만들며, 더 나아가 건전하게 상실을 치유하려는 우리의 노력을 가로막는다.

분노로부터 부모를 보호하는 다섯 번째 방법은 부모에게 거부당할까 봐 두려워 참는 것이다. 우리는 종종 '내가 화를 내면 부모님은 날 사랑하지 않을 거야.', '날 못된 아이라고 생각할지도 몰라.'와 같은 생각을 하게 된다. 이런 두려움이야말로 인식된 그 순간 반드시 표출시켜야 한다.

분노로부터 부모를 보호하는 여섯 번째 방법은 알 수 없는 것, 혹은 감정을 표현하는 것에 대한 두려움을 견디는 것이다. 경우에 따라 우리는 '뭔가 진짜 나쁜 일이 생길지도 몰라. 내가 누구를 다치게 하거나 누가 나를 다치게 할 수도 있어.'와 같은 생각을 할 수도 있다. 이 역시 회복을 위해서는 반드시 표출시켜야 하는 또 다른 두려움이다. 우리는 "내가 나빴어요." 같은 말로 자신에 대한 비난을 감수하기도 한다.

많은 사람들이 부모를 용서했다는 말로 간단하게 자신의 화와 슬픔을 회피한다. 용서가 무척 쉬운 일이라도 되는 것처럼 그저 "나는 그분들을 용서할 거예요."라고 말한다. 혹은 자신의 참 자아를 억누르며 "나는 벌써 그분들을 용서했어요."라고 말하기도 한다. 하지만 이렇게 말하는 사람들도 대부분은 완전히 용서하지 못한 상태이다. 용서는 많은 부분이 같지는 않더라도 슬퍼하는 것과 그 과정이 비슷하기 때문이다.

분노로부터 부모를 보호하는 일곱 번째 방법은 부모에 대한 화를 표출시키거나 마음껏 비난하면서 회복을 권하는 사람들을 공격하는 것이다. 그럴 때 사람들은 이렇게 말한다. "나한테 화를 표출하라고 하다니 당신 정말 나쁜 사람이군요.", "어떻게 우리 부모님이 나쁜 사람일지도 모른다고 말할 수 있죠?" 이런 방식을 통해 우리는 자신이 받은 상처와 분노로부터 부모를 보호한다. 그 결과 참 자아를 억누르고, 불필요한 고통에서 벗어나지 못하게 된다.

그러나 우리는 이제 이런 일을 피할 수 있는 여러 가지 방법들을 배웠다. 우리는 앞에서 배운 방법들을 이용해 자신의 분노와 상처를 표출시킬 수 있다.

두려워 하지 말고
분노를 표출하라

──────────────── 내면 아이를 치유하려면 자신의 화를 인식하고 표현해야 한다. 하지만 누구에게, 어떤 식으로 표현해야 할까? 자신의 화에 귀를 기울이고 그 과정을 겪어내도록 도와줄 사람은 분명히 있다. 이미 여러 번 언급했던 것처럼 심리 치료사나 상담사, 그룹 치료 회원들, 믿을 수 있는 친구 등은 모두 우리를 지지해 주는 사람들이다.

반면 무슨 이유에서인지 우리가 화를 표현하는 것을 참지 못하고, 들으려고 하지 않는 사람들도 있다. 부모나 부모를 떠오르게 만드는 사람들이 이에 속한다. 그들에게 자신의 감정을 있는 그대로 표현했다가는 치유가 되지 않을 수도 있다. 그런 사람은 당연히 우리가 하려는 말과 행동을 이해하지 못할 수도 있다. 그런 사람은 당연히 우리가 하려는 말과 행동을 이해하지 못하므로 우리를 다시 혼란스럽게 만들고 상처를 주고 무력하게 만든다.

이런 사람들에게 화를 분출하면 카타르시스를 느낄 수도 있지만, 자기 파괴적인 결과를 초래할 수도 있다. 그들은 자기 안의 내면 아이를 치유하지 못했기 때문에 다른 사람들과 안전하고 안정적인 결과를 맺지 못하여, 되레 큰 상처를 입을 수도 있다.

이런 사람에 대해서는 한계를 분명하게 정함으로써 우리를 함부로 대하지 못하도록 하는 것이 좋다. 사랑을 기반으로 단호한 태도를 보이고, 공격적으로 행동하지 않고 자기 생각을 분명히 표현하는 방법으로 한계를 정할 수 있다.

대개는 슬픔과 용서의 과정을 통해 우리를 학대했던 사람들과 부모를 용서하는 것이 바람직하지만, 그렇다고 그런 과정을 성급하게 끝내려 해서는 안 된다. 부모와의 화해를 당면한 목표로 삼는 의사들과 상담사들도 있다. 하지만 이런 식의 미숙한 시도는 내면 아이를 찾고 치유하는 데 방해만 될 뿐이다. 가장 좋은 방법은 충분한 시간을 갖는 것이다.

한편, 오랜 시간을 들여 내면 아이를 찾고 치유하기 위해 노력했다 하더라도 부모와의 차이를 좁히지 못할 수도 있다. 그러면 부모를 절대 바꾸지 못한다는 것을 깨닫게 된다. 부모가 끝까지 자기 방식을 고수하기 때문에 우리가 할 수 있는 일은 없다. 그럴 때는 스스로가 자유로워져야 한다.

알코올의존증 환자나 폭행을 휘두르는 사람, 학대하는 사람은 부모나 가족이라도 독과 같은 존재이기 때문에 몇 달에서 1년, 필요하다면 그 이상 떨어져 지내는 것이 도움이 될 수도 있다. 그렇게 떨어져 시간을 보내면 여유와 평화가 생겨서 내면 아이를 찾고 치유하는 것을 시작할 수 있다.

사람은 누구나 상실이나 슬픔으로 마음에 상처를 받으면 받을수록 화가 나게 된다. 건강한 관계에 있던 대상을 잃었을 때도 무력감과 함께 뭔가를 빼앗긴 기분을 느끼며 화를 내게 된다. 또한 상실의 책임이 있다고 생각되는 사람, 자신만큼 힘들어하지 않는 것 같은 사람에게도 화를 낼 수 있다. 또한 슬픔 과정을 바르게 끝내도록 돕는 상담사나 의사들에게 돈을 지불해야 하는 것도 화가 날 수 있다.

이제 두려워하거나 걱정하지 않아도 된다. 이는 내면 아이를 치유하는 과정에서 나타나는 자연스러운 현상이다. 마음속에 남아 있는 분노와 슬픔을 다시 겪음으로써 그로부터 자유로워질 수 있다는 점을 기억하자. 13장에서는 치유에 동반되는 변화의 여러 가지 특징들을 소개해 놓았다.

Part 4

이제는 나의 내면 아이가
편안해졌으면 좋겠습니다

13장

용서가 필요한 순간

────────────────── 상처받은 내면 아이는 자기 성찰과 그룹 치료, 자조 모임, 상담 등 여러 가지 방법을 통해 삶은 변화한다. 거짓된 자아가 진정한 자아로 바뀌는 것이다. 변화는 형태가 바뀌거나, 어떤 형태를 새로 만들거나, 구조가 바뀌는 것 모두를 의미한다. 결국 현재의 삶이 이전까지 감추기에 급급했던 참 자아를 표현하는 삶으로 바뀌는 것을 뜻한다. 변화할 때는 인식이나 의식 상태도 바뀐다.

이런 변화를 통해 성장할 수 있으며, 높은 곳으로 건너뛸 수 있고, 더 큰 힘을 갖고, 더욱 평온해지며, 창의적인 존재가 될 수 있다. 또한 개인적인 힘과 가능성, 폭넓은 선택을 경험함과 동시에 삶을 가치 있게 만들어야 한다는 책임도 갖게 된다.

변화의 단계에서는 내면 아이가 갖고 있는 취약한 부분이 드러나고, 역설적이긴 하지만, 그 존재가 갖고 있는 타고난 힘을 발휘할 수 있다. 더불어 삶에서 부담스럽고 제 기능을 하지 못했던 부분을 긍정적이고 기능적인 것으로 바꿀 수도 있다. 다시 말해서, 자신의 핵심 문제를 파악하고 바꾸기 위해 노력하면 완벽한 변화를 이룰 수 있다는 뜻이다.

삶에서 변화를 이루기란 쉽지 않다. 안전한 사람들을 찾아 자신의 이야기를 털어놓아도 변화는 하루아침에 일어나지 않는다. 자신이 더 나은 존재가 되기를 바라거나 존재감이 강해지기를 바란다고 해도, 바로 다음 날 눈을 뜨자마자 훨씬 건강해진 자존감을 느낄 수 있는 것은 아니다. 삶을 변화시키는 작업도 구체적인 단계를 거쳐야 한다. 변화의 과정을 거치는 동안 걱정하게 만드는 문제들이 나타나면 한 번에 한 가지씩 해결하는 것이 바람직하다.

아래는 문제를 해결할 수 있는 계획이나 방법을 단계별 혹은 요소별로 구분한 표이다.

| 변화의 과정 |

회복해야 할 문제	변화된 형태
과거와 현재의 문제를 슬퍼함	현재의 상실을 슬퍼함
진정한 존재가 되는 것을 어려워함	진정한 존재가 됨
다른 사람들에게 지나친 책임감을 가짐	명확한 경계를 정한 상태에서 자신에 대해 책임을 짐
낮은 자존감	향상된 자존감
통제	책임은 갖되 통제에서는 벗어남
전부 아니면 전무 식의 사고 및 행동	전부 아니면 전무 식의 사고와 행동에서 자유로워짐
믿는 것을 어려워함	올바른 방식으로 신뢰함
감정이 드는 것을 힘들어함	감정을 관찰하고 활용함
옳지 않은 행동을 지나치게 참음	무엇이 옳은지 알 수 있게 되고, 그렇지 않은 경우에는 안전한 사람에게 도움을 청함
버려질까 봐 두려워함	버려짐에 대한 두려움에서 벗어남
갈등 해결을 어려워함	갈등을 해소할 수 있게 됨
사랑을 주고받는 것을 어려워함	자신과 타인을 사랑함

회복해야 할 문제	초기	중기	후기	회복 후
슬픔	상실을 인식함	슬퍼하는 법을 배움	슬퍼함	현재의 상실을 슬퍼함
진정한 존재가 되는 것	진정한 자아를 인식함	진정한 존재가 되는 법을 연습함	진정한 존재가 되기 시작함	진정한 존재가 됨
자신의 욕구를 방치하는 것	욕구가 있음을 깨달음	욕구를 인식함	욕구를 충족시키기 시작함	욕구를 충족시킴
다른 사람들에게 지나친 책임감을 갖는 것	경계를 인식함	경계를 분명히 함	한계 정하는 법을 배움	명확한 경계를 정한 상태에서 자신에 대해 책임을 짐
낮은 자존감	인식함	공유함	확언함	형성된 자존감
통제	인식함	벗어나기 시작함	책임을 짐	책임을 진 상태에서 자유로워짐
전부 아니면 전무 식	깨닫고 인식함	다른 선택이 있음을 알게 함	벗어나기 시작함	완전히 자유로워짐
믿음	믿는 것이 도움이 된다는 것을 깨달음	선택적으로 믿음	안전한 사람들을 믿는 법을 배움	올바른 방식으로 믿음
감정	깨닫고 인식함	경험함	활용함	자신의 감정을 관찰하고 활용함
옳지 않은 행동을 지나치게 참는 법	무엇이 옳고 그른지 의문을 가짐	무엇이 옳고 그른지 알게 됨	한계를 정하는 법을 배움	무엇이 옳은지 알 수 있게 되고 그렇지 않은 경우에는 안전한 사람에게 도움을 청함
버려짐에 대한 두려움	자신이 버려졌거나 방치되고 있음을 깨달음	그에 관해 이야기를 나눔	자신이 버려진 것을 슬퍼함	버려짐에 대한 두려움에서 벗어남
갈등에 대처하고 해결하는 것을 어려워함	인정하고 용기를 냄	감정을 표현하는 연습을 함	갈등을 해결함	현재의 갈등을 잘 해결함
사랑을 주고받는 것을 어려워함	사랑의 의미를 깨달음	사랑을 연습함	용서하고 정화함	자신과 타인을 사랑함

조앤은 자신의 욕구를 무시하는 문제를 해결하기 위해 노력 중이다. 그녀는 언제나 다른 사람의 욕구에만 신경을 썼고 자신은 돌보지 않았다. 특히 그녀는 늘 뭔가를 바라는 사람들을 만나면서 그들에게만 초점을 맞추었다. 그룹 치료에서 그녀는 이렇게 말했다.

"지금까지는 나에게 욕구가 있다는 것조차 알지 못했어요. 생각도 안 해봤죠. 그런데 지금은 나에게도 욕구가 있다는 것을 알게 되었어요. 지금 나는 편안하고 즐겁게 지내고 싶다는 욕구를 만족시키기 위해 열심히 노력 중이에요. 이 경우에 '노력'이라는 말을 쓴다는 것이 조금 우습긴 하지만 정말 노력하고 있답니다. 나는 늘 진지하게 살아와서 느긋하게 여유를 즐기는 것이 어떤 것인지 몰라요. 한 번도 아이다워 본 적이 없고 어린애처럼 놀아 본 적도 없는 것 같아요. 늘 막중한 책임감을 갖고 살아야 했죠.

상담사는 나에게 날마다 30분씩 그냥 편히 쉬고 놀기만 하라는 숙제를 내주었어요. 토요일과 일요일에는 한 시간 동안 그렇게 하라고 했죠. 솔직히 그렇게 할 수 있을지 모르겠어요. 하지만 노력해 볼 거예요. 첫날은 그렇게 했지만 그 다음에는 5일 동안이나 잊고 있었지 뭐예요. 평소에 하지 않던 일이라 내가 저항을 하고 있나 봐요."

욕구를 만족시키는 과정은 먼저 욕구를 인식하고, 그 다음에 다시 확인한 후 정확한 이름을 붙이는 세부 과정으로 나눔으로써 차근차근 해결해 나갈 수 있다. 이 단계들을 거치는 데만 몇 달 혹은 그 이상이 걸릴 수도 있다. 그렇지만 결국은 하나씩 하나씩 자신의 욕구를 만족시킬 수 있게 될 것이다. 욕구를 더욱 잘 인식하고 관심을 갖고 노력하다 보면 욕구를 만족시키며 사는 삶으로 바뀌게 된다.

문제를 인식했으면 이제 해결 작업에 들어갈 차례이다. 문제를 더욱 깊이 있게, 잘 인식하면 우리가 경험한 것에 따라 행동하게 되고, 모든 것을 있는 볼 수 있게 된다. 우리는 자기 내부의 감시 체계, 즉 자신의 감각과 반응에 따르는 법을 배우게 된다. 이처럼 중요한 부분을 무시하고 방치하는 것은 과거의 일일 뿐이다. 이제는 자신의 감정과 감각, 반응 등 참 자아의 중요한 것들에 마음이 활짝 열린 상태이다.

피해자의 입장에서
벗어날 것

——————————— 지금의 내 모습과 어릴 때 있었던 일들이 어떤 연관이 있는지 알아보는 일은 중요하다. 가끔은 스스로도 자신의 모습을 이해하기 어려울 때가 있다. 어린 시절에 받았던 상처 때문에 현재 이해할 수 없는 행동을 할 가능성이 크다.

그런 연관성을 찾지 못하면 늘 피해자의 입장에서 벗어나지 못하고, 스스로도 이해할 수 없는 충동적인 행동을 되풀이하게 된다. 그러나 자신의 이야기를 안전한 사람들과 공유하면 피해자의 입장에서 벗어날 수 있고, 충동적인 행동도 멈출 수 있다.

리차드는 세 아이의 아버지이며 성공한 사업가이다. 그가 이혼과 재혼으로 만난 배우자 모두 알코올의존증 환자였다. 현재 그는 다시 한 번 이혼 소송 중이다.

"최근까지도 나는 내가 어떤 행동을 하고 있는지 몰랐습니다. 상담을 받고 이 모임에 참여한 덕분에 결국은 나에게 해가 되는 행동을 하고 있다는 것을 알게 되었죠. 어머니는 알코올의존증 환자였습니다. 비록 그 모습을 보지도 못했고 지금까지도 인정할 수 없지만요. 나는 어머니를 도와드릴 수 없다는 것

을 알고 나서는 밖으로만 돌았습니다. 내가 무슨 일을 하고 있
는지 제대로 알지도 못한 채 도움을 줄 수 있는 여자들을 찾았
지요.

하지만 나는 어느 누구도 도울 수 없었습니다. 익명의 알코올
의존증 환자 모임과 그룹 치료가 그것을 깨닫게 해 주었어요.
이제 나는 눈을 크게 뜨고 과거의 실수를 되풀이하지 않기 위
해 노력하고 있습니다. 그러자 나에 대해서도 더 좋은 기분이
들더군요."

리차드는 자신의 삶을 변화시켰고, 자기 이야기를 직접 만들
어가기 시작했다. 그가 변화시킨 것은 의식과 행동이었다. 그
는 자기도 모르게 충동적인 행동을 되풀이하면서 피해자의 위
치에 있었지만, 지금은 회복하여 자신의 감정과 행동을 더욱
잘 인식하는 사람이 되었다. 그리고 자기가 노력해서 만든 자
기 이야기를 사람들에게 들려 주었다. 현재 그는 피해자의 입
장에서 벗어나 영웅의 여정을 따르고 있다. 다음은 이 두 입장
의 몇 가지 특성들이다.

피해자의 입장	영웅의 여정
거짓된 자아	참 자아
자아 위축	자아 확대
거기, 그때	여기, 지금
끝나지 않은 일	끝났거나 끝나고 있는 일
개인의 권리가 거의 없음	개인의 권리가 많음
부진, 퇴행	성장
거의 공유하지 않음	적절하게 공유함
늘 같은 이야기	성장하는 이야기
반복 충동	자기 이야기를 함
충동적, 강박적	자발적, 자연적
대부분 무의식적	많은 부분이 의식적
무의식적으로 갇혀 있음	자신의 존재와 나아가는 방향을 꾸준히 의식함
집중하지 못함	집중함
회복 프로그램이 효과를 보지 못함	회복 프로그램이 효과가 있음
다른 사람들의 의견에 폐쇄적임	안전한 사람들의 의견에 개방적임
다양한 중독 증상을 보임	고통을 극복하고 기쁨을 깨달음
독단적으로 행동함	함께 만들어 감
겉만 번지르르할 때가 많음	소박하면서도 확신에 차 있음
가능성과 선택이 거의 없음	더 많은 가능성과 선택이 있음
불행한 꿈	행복한 꿈
신의 존재를 배제함	신의 존재를 포함시킴
병	건강
저주	선물

회복 과정에서는 핵심 문제들이 여러 번 나타나기 때문에 계속 인식하고 해결하기 위해 노력해야 한다. 그러다 보면 그런 문제들이 단독으로 나타나는 것이 아니라, 다른 문제들이 포함되어 있거나 연결되어 있음을 알 수 있다.

놓아주고
용서하는 과정

──────────── 알코올의존증, 과식, 신경증 등의 회복 프로그램에 주기적으로 참여하고 2년 이상 노력했지만 여전히 정서적인 고통을 느끼는 사람들도 많다. 회복 프로그램에 나와서 누가 자신의 가족 문제나 분노, 혼란 등에 관해 이야기하면 사람들은 피하려 들거나 "그냥 넘겨 버리지 그래요?"와 같은 말들을 하기도 한다. 마치 그런 혼란이나 고통에서 벗어나기가 무척 쉬운 일이라도 되는 것처럼 말이다.

하지만 맡기고 싶은 것이 무엇인지 알지 못하면 그렇게 할 수 없다. 따라서 자신의 갈등과 혼란, 감정, 좌절 등을 더욱 깊이 알 필요가 있다. 우리는 자신이라는 존재를 속속들이 경험해야 한다. 머리로만 생각해서는 안 된다. 그런 경험은 용기를 내고 안전한 사람들과 자기 이야기를 나눔으로써 할 수 있다.

현재의 것이든 과거의 것이든, 상처가 깊으면 깊을수록 더욱 자주 자기 이야기를 해야 하며, 얻지 못한 것들을 슬퍼해야 한다. 때로는 몇 달, 때로는 몇 년씩 자신의 상처에 대한 감정을 나누고 이야기를 해야 할 때도 있다.

그렇게 자신의 고통을 완벽하게 확인하고 경험한 다음에야 선택할 수 있다는 것을 생각할 수 있다. 우리에게 중요한 것이든 우리를 화나게 하는 것이든 상관없이, 고통이 지속시키거나 멈추도록 선택할 수 있다는 뜻이다. 고통을 멈춰야겠다는 선택을 하고, 진정으로 그럴 준비가 되어 있다면 그 고통에서 벗어날 수 있다. 그러고 나면 정말로 자유로워질 수 있다.

이처럼 단계별로 차근차근 이루어지는 전 과정은 용서의 과정, 분리의 과정, 맡기기, 철회, 혹은 그냥 간단하게 '벗어나기'와 같은 말로 부를 수 있다. 이 과정을 요약하면 다음과 같다.

1 자신의 분노나 걱정을 인식한다.

2 그에 관한 이야기를 함으로써 철저히 경험한다.

3 고통이 멈추도록 선택할 수 있다는 생각을 갖는다.

4 고통에서 벗어난다.

내면 아이를 치유하는 과정에서 우리는 인식, 경험, 해방의 과정을 겪게 된다. 우리는 대부분 살면서 슬퍼하지 못한 수많은 상실들로 고통받고 있기 때문에 그런 과정을 겪는 데는 오랜 시간이 걸릴 수도 있다. 이때가 바로 인내심을 시험할 수 있는 기회이다.

사람들은 농담으로 인내심을 달라는 기도를 하곤 한다. "신이시여, 부디 저에게 인내심을 허락해 주시옵소서! 지금 당장 주시옵소서!"

자신의 생각을
확실하게 표현하다

──────────────── 내면 아이를 치유하면서 변화의 단계를 거칠 때 우리는 공격적인 것과 자기 생각을 확실하게 표현하는 것의 차이를 인식하기 시작한다. 공격적이라는 것은 말이든 행동이든 공격성을 띤 행위를 뜻한다. 공격적으로 말하고 행동하면 원하는 것을 얻을 수 있을지는 모르지만, 자기 자신은 물론 상대방 모두 기분이 상하는 경우가 많다.

반면 자기 생각을 확실하게 표현하면 다른 사람을 화나게 하지 않으면서도 원하는 것을 얻을 수 있다. 다른 사람과 상호작용을 했을 때 양쪽 모두 기분이 좋았다면 자기 생각을 잘 표현한 것이라고 봐도 무방하다.

문제 가정의 아이들은 공격적이거나, 남을 조종하거나, 물러나 있는 법을 배우며 자란다. 그러나 자기가 원하거나 필요로 하는 것들은 얻지 못한다. 그 아이들은 자기 생각을 분명히 표현하는 사람을 보지 못했고, 그런 것을 배울 기회도 거의 없었기 때문에 공격적이거나, 남을 교묘히 조종하거나, 수동적이거나, 남의 비위를 맞추는 사람으로 자라게 된다.

자기 생각을 잘 표현하면 대부분 바라는 것을 얻을 수 있다. 하지만 꾸준히 연습하지 않고서는 자기 생각을 잘 표현하기 어렵다. 이미 여러 차례 언급했던 것처럼 안전하고 지지해 주는 사람들이 있는 곳이면 자기 생각을 표현하는 연습을 할 수 있다. 그중에서도 가장 큰 효과를 볼 수 있는 곳은 그룹 치료 모임이다.

회계사인 밥은 문제 가정의 성인 아이를 위한 치료 모임에 참여하고 있다. 내성적인 그는 모임에서 늘 수줍어하고 조용했다. 그는 노력해도 사람들이 자신의 이야기를 이해할 것 같지 않았다. 그러자 자기주장에 대한 강의를 들었던 동료 회원이 밥에게도 강의를 들어 보라고 권했다. 강의를 들은 후 밥은 모임 안팎에서 훨씬 적극적으로 자기 생각을 표현하는 사람이 되었다. 밥은 이렇게 말했다.

> "나는 나 자신을 위해 말하는 법을 배웠습니다. 이제 나를 괴롭히는 것이나 내가 원하는 것이 있으면 그것에 대해 말할 수 있게 되었어요. 조금 힘들긴 하지만 내가 하고 싶은 말을 잘 생각한 다음 당당하게 말해요. 그렇게 해서 매번 성공을 거두니까 조금씩 쉬워지더라고요."

자신의 생각을 잘 말할 수 있게 되면 주위 사람들은 깜짝 놀라기도 한다. 심지어 어떤 사람들은 뭔가 문제가 생겼다고 생각하기도 한다.

아이를 키우고 있는 조는 어린 시절 문제가 있는 가정에서 자랐다. 그는 늘 다른 사람에게 지나치게 신경을 썼다. 어려서도 커서도 늘 혼란스러워하고 억울해하고 슬퍼하며 살았다. 하지만 회복 프로그램을 시작한 후 자기 생각을 분명히 표현할 수 있게 되었고 자신감도 얻었다.

> "얼마 전에도 아버지가 날 함부로 대하셨어요. 하지만 난 괜찮았습니다. 이제는 내 생각을 분명히 말할 수 있게 되었으니까

요. 그런 내 모습을 본 어머니가 나중에 동생에게 이렇게 말씀 하셨다고 해요. '요즘 조에게 무슨 일이 생긴 건지 모르겠구나. 완전히 달라졌어. 대체 무슨 일이 있는 걸까.' 마치 내가 정신이 나갔거나 뭐 비슷하게 되기라도 한 것처럼 말이죠.

만약 나에게 대화를 나눌 아내와 이 모임이 없었다면 나 역시 어머니 말대로 생각했을 겁니다. 나한테 문제가 있거나 미쳐 가고 있다고요. 하지만 나는 절대 그렇지 않다는 걸 알아요. 사 실 나는 조금씩 건강해져 가고 있답니다."

조는 내면 아이를 치유해 가며 회복 중인 사람들과 비슷한 경험을 하고 있다. 회복 과정에서 어느 단계에 있느냐에 따라 사람들은 그에 따른 특별한 변화를 알아차릴 것이며, 언젠가 는 자신도 변화해야 하지 않을까 걱정하기도 할 것이다. 그런 불안감이 계속 쌓여 어떻게든 해결해야겠다는 생각이 들면 그 들은 다른 사람, 대개는 변화를 목격한 사람에게 그 책임을 떠 넘긴다. 이처럼 어떤 사람들은 다른 사람의 변화를 위협적으로 느끼기도 한다.

자신의 권리를
되찾아라

─────────── 변화의 단계를 거치는 동안 사람들은 자신에게도 인간으로서의 권리가 있음을 깨닫게 된다. 우리는 어릴 때, 심지어는 어른이 되어서도 우리에게 아무 권리가 없는 것처럼 위협하는 사람들을 만난다. 그런 사람들과 부딪치다 보면 스스로도 아무 권리가 없다고 믿게 되고, 그런 상태로 살아가기도 한다. 내면 아이를 치유하고 회복하는 동안 자신의 권리를 생각해 보고 되찾는 일은 아주 중요하다.

나는 그룹 치료의 회원들에게 자신이 갖고 있는 권리를 생각해 보고, 글로 써보며, 사람들과 공유해 보라고 권한다. 다음은 몇몇 모임에서 생각해 낸 권리들을 모아놓은 것이다.

개인적인 권리장전

1. 나는 나의 삶에서, 생존권 외에도 수많은 선택권을 갖고 있다.

2. 나는 내면 아이를 찾고 알아갈 권리가 있다.

3. 나는 필요한데도 갖지 못한 것, 또 필요하지도 않고 원하지도 않는데 어쩔 수 없이 갖게 된 것에 대해 슬퍼할 권리가 있다.

4. 나는 내 자신의 가치와 기준을 따를 권리가 있다.

5. 나는 아직 준비가 안 되었거나, 안전하지 않거나, 내 가치를

침해할 수 있는 것에 대해 안 된다고 말할 권리가 있다.

6. 나는 존중받을 권리가 있다.

7. 나는 결정할 권리가 있다.

8. 나는 내가 우선시하는 것들을 결정하고 존중받을 권리가 있다.

9. 나는 타인으로부터 내 욕구와 바람을 존중받을 권리가 있다.

10. 나는 나를 깎아내리거나 모욕을 주는 사람과 대화를 끝낼 권리가 있다.

11. 나는 다른 사람의 행동과 감정, 문제에 책임을 지지 않을 권리가 있다.

12. 나는 실수를 할 권리가 있고, 완벽한 사람이 되지 않아도 될 권리가 있다.

13. 나는 모든 감정을 느낄 권리가 있다.

14. 나는 내가 사랑하는 사람에게 화를 낼 권리가 있다.

15. 나는 내가 착하지 않다는 생각을 하지 않고도 특별한 내가 될 권리가 있다.

16. 나는 두려움을 느끼고 "무섭다."고 말할 권리가 있다.

17. 나는 두려움, 죄의식, 수치심을 경험하고 벗어날 권리가 있다.

18. 나는 내 기분과 판단력, 내가 선택한 이유에 따라 결정을 내릴 권리가 있다.

19. 나는 언제든 마음을 바꿀 권리가 있다.

20. 나는 행복할 권리가 있다.

21. 나는 필요에 따라 개인적인 공간과 시간을 가질 권리가 있다.

22. 나는 편안해지고, 즐겁게 지내며, 바보같이 굴어도 좋을 권리가 있다.

23. 나는 변화하고 성장할 권리가 있다.

24. 나는 의사소통 기술을 향상시켜서 다른 사람에게 나를 잘 알릴 수 있는 권리가 있다.

25. 나는 친구를 사귀고 주변 사람들과 편하게 지낼 권리가 있다.

26. 나는 학대가 없는 환경에서 살 권리가 있다.

27. 나는 내 주변 사람들만큼 건강해질 권리가 있다.

28. 나는 내가 어떤 사람이든 나를 돌볼 권리가 있다.

29. 나는 실제 있는 것이든 가상의 위협에 있는 것이든 모든 상실을 슬퍼할 권리가 있다.

30. 나는 내가 신뢰하는 사람을 믿을 권리가 있다.

31. 나는 다른 사람과 나 자신을 용서할 권리가 있다.

32. 나는 무조건적인 사랑을 주고받을 권리가 있다.

당신은 이 가운데 어떤 권리를 갖고 있는가. 나는 인간은 누구나 이 권리들을 갖고 있으며, 더 많은 것을 가져야 한다고 생각한다.

14장

변화하는 나를 자연스레 받아들이기

변화가
불러오는 것들

변화가 생기면 그 변화를 일상
생활에 통합시키고 적용해야 한다. 통합시킨다는 것은 여러 조
각으로 나뉘어 있는 요소를 합친다는 뜻이다. 치유란 완전함과
통합을 향해 나아가 '새로운 체계가 잡히는 것'을 의미한다. 치
유와 통합은 과거의 혼란이나 혼돈과는 정반대되는 것이다. 치
유의 전 과정을 통해 우리는 지금까지 배운 것과 삶에 통합시
킨 것을 활용할 수 있다. 이 단계를 거치며 지금까지 노력하고
배운 것을 조금씩 쉽게, 덜 혼란스러워하면서 활용해 보자. 해

야 할 것이 있으면 그냥 하면 된다. 마치 반사작용처럼 말이다.

통합 단계에서는 있는 그대로의 모습으로 있으면 된다. 그런 자신의 존재에 대해 누구에게도 결코 미안해할 필요가 없다. 이제 우리는 아무런 죄의식도 느끼지 않고 느긋하게 쉬고 즐겁게 지낼 수 있게 되었다. 이와 더불어 욕구 충족에 적절하다고 생각되는 선에서 경계를 긋는 법도 배웠다. 또 스스로의 권리도 잘 알고 그에 따라 행동할 수도 있다.

내면 아이를 치유하면서 거치게 되는 과정은 다음 그림을 보면 더욱 분명히 알 수 있다. 그림에서도 확인할 수 있듯 회복은 절대 정적인 일이나 특정 사건, 전부 아니면 전무 식의 일도 아니다. 오히려 현재와 여기, 즉 수많은 '현재'와 수많은 '여기'에서 계속 진행되는 과정이다.

회복 과정에서 자각은 딱 한 번만 일어나는 것이 아니라 셀 수 없이 많이 일어난다. 용기를 내서 자기 이야기를 하는 것도 딱 한 번에 그치는 일이 아니다. 우리는 상처를 받고, 슬픔을 겪고, 성장하고, 삶을 즐기면서 여러 차례 자기 이야기를 하게 된다. 우리는 과거와 현재의 상실을 확인하고 상실이 생길 때마다 슬퍼하기 시작한다. 또 우리가 갖고 있는 핵심 문제가 드러날 때는 그에 관해 대화를 나누고 해결하기 위해 노력한다.

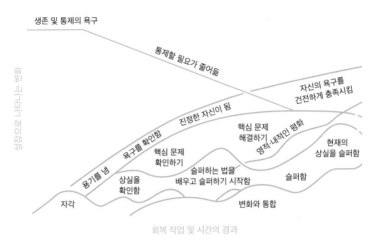

회복 작업 및 시간의 경과

핵심 문제를 확인할 때는 두 가지 문제가 나타난다. 즉 전부 아니면 전무 식의 사고와 행동 그리고 통제이다. 슬퍼하지 못한 상실의 횟수와 강도에 따라, 우리는 생존을 위해 이런 식의 사고와 행동을 하게 될 수도 있다. 특히 어릴 때는 다른 방법을 거의 생각할 수가 없다. 하지만 변화와 통합의 단계에서는 그런 사고와 행동에서 벗어나기 시작하고, 통제에 대한 욕구도 점차 줄어든다.

이제는 욕구를 확인하고 충족시킬 때 건전한 방법을 찾기 시작했다. 또 참 자아가 됨에 따라 진정한 자신이 되는 연습도 하게 되었다.

그림에서 알 수 있듯이 내면 아이를 치유하는 과정은 하나의 연속선상에서 일어나는 것이 아니다. 굽이쳐서 일어나거나 둥근 형태로 일어나기도 하고, 소용돌이의 형태가 되기도 한다.

우리가 자기 이야기, 즉 살면서 겪은 특별한 에피소드를 완성하고 통합시킬 때마다 우리는 자유로워지면서 더욱 새롭고, 크고, 진실하고, 정직한 자신의 이야기를 만들 수 있게 된다. 그러면서 진정한 자신에게로 한 걸음 더 가까이 다가갈 수 있다.

혼란과 고통에서
벗어나는 방법

―――――――――――― 살면서 앞으로 나아가고 성장하는 동안 우리는 더욱 큰 이야기들을 만들어 내고 그 각각의 이야기들을 삶에 통합시킨다. 치유와 통합, 성장의 과정을 거칠 때는 퇴행하거나 뒤로 미끄러지거나 과거로 되돌아가는 기분이 들 때가 종종 있다. 뭔가를 얻었다는 기분이 들 때마다 잃은 것 같은 기분이 들기도 한다. 그러면 혼란과 절망을 느끼고 고통 속에 빠져들게 된다.

이때가 바로 삶에 매우 중요한 시점이며, 내면 아이에 대해

중요한 것을 배울 수 있는 기회이기도 하다. 현재의 감정과 경험에 머물러 있으면 모든 것이 사라진 것처럼 보인다 해도, 고통에서 벗어나는 길은 그 고통을 그대로 겪는 것이라는 것을 다시 한 번 깨달을 수 있기 때문이다. 고통 속에 있음으로써, 그리고 믿을 수 있는 사람들에게 고통에 관한 자신의 이야기를 털어놓음으로써 비로소 고통에서 벗어날 수 있다.

혼자서 고통과 기쁨을 경험하는 것도 도움이 된다. 이 시기의 고독은 삶 속에 우리보다 훨씬 강력한 무언가가 있다는 생각을 하게 만들기도 한다. 물론 어려울 수는 있지만 용기를 내서 도전한다면 겸손한 상태가 되어 "만약 그곳에 전능한 존재가 계시다면 부디 날 도와주소서."와 같은 부탁도 할 수 있을 것이다.

자기 이야기를 하는 것, 그리고 상실이 생기면 언제든 그것을 확인하고 슬퍼하는 것은 이제 익숙해졌을 것이다. 자기 이야기를 하고 상실을 슬퍼하면 새로운 가능성을 생각해 볼 수 있다.

가끔 뒤로 성큼 물러나 가만히 지켜 보면 많은 이야기들이 일정한 유형을 따라 밀려들었다 빠져 나가고, 성장하고 퇴행하는 것을 볼 수 있지만, 전체적으로는 위쪽으로 점점 확대되어서 나아가고 있음을 알 수 있다. 이 상태로 시간이 흐르면 결국에는 회복하고 성장하게 된다.

어릴 때는 특별한 환경에서 살아남기 위해 부당한 대우를 받아도 참아야 했다. 이제는 더 이상 그런 대우를 참을 필요가 없다. 우리에게는 선택권이 있기 때문이다. 보통 회복 프로그램을 시작한 지 3~5년 정도가 되면 통합 단계에 도달한다. 이 단계에 접어들면 스트레스가 생겨 다시 생존 단계의 감정에 빠져 들 수도 있다. 하지만 그렇다 해도 핵심 문제를 재빨리 자각하고 인식할 수 있는 힘이 생겼기 때문에 크게 걱정하지 않아도 된다.

또한 자신에게 일어난 일과 학대를 받아서는 안 된다는 생

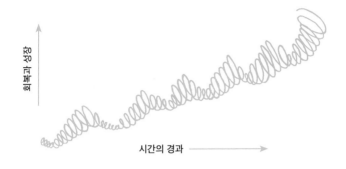

각, 그리고 이제 자신에게는 분명한 경계가 있고 선택의 권리가 있음을 떠올리며 재빨리 변화의 단계를 거칠 수 있다. 더 이상 부정하느라 에너지를 허비할 필요가 없다. 모든 것을 있는 그대로 느끼고 볼 수 있기 때문이다.

이제는 무슨 일이 일어났는지 의식적으로 생각하지 않아도 된다. 물론 그렇게 해도 괜찮지만 말이다. 참 자아를 되찾았기 때문에 그냥하면 된다. 원한다면 진정한 자신이 될 수도 있고, 특정한 상황이나 사람들 앞에서는 진짜 모습을 드러내지 않기로 결정할 수도 있다. 상실을 겪으며 두렵고 화가 나고 퇴화하는 느낌이 들면 상실을 다시 경험하고 슬퍼하면 된다. 빨리 해도 되고 천천히 해도 상관없다.

사람들에게 적절한 경계를 긋는 법도 알게 되었다. 계속 무시하며 못되게 구는 사람에게는 "안 돼요, 그런 행동은 더 이상 하지 마세요."라고 말하거나 그 자리를 떠나면 된다.

내면 아이를 치유하기 위해 지금껏 걸어온 여정을 미국의 영화배우 포티아 넬슨의 시를 통해 살펴볼 수 있다.

다섯 장의 짧은 자서전

나는 길을 따라 걷네.

길가에 깊은 구멍이 있네.

나는 거기 빠지네.

나는 당황하고…… 무력하네.

그것은 나의 잘못이 아니네.

나아갈 길을 찾으려면 평생이 걸리네.

나는 같은 길을 따라 걷네.

길가에 깊은 구멍이 있네.

나는 못 본 척하네.

나는 다시 거기 빠지네.

나는 내가 같은 곳에 있다는 것을 믿을 수 없네.

하지만 그것도 내 잘못은 아니네.

빠져나가려면 여전히 오랜 시간이 걸리네.

나는 같은 길을 따라 걷네.

길가에 깊은 구멍이 있네.

나는 그곳을 보네.

나는 또 거기에 빠지네…… 그것은 습관.

나의 눈은 열려 있고

나는 내가 어디 있는지 알고 있네.

그것은 나의 잘못이지.

나는 얼른 거기서 빠져나오네.

나는 같은 길을 따라 걷네.

길가에 깊은 구멍이 있네.

나는 그곳을 돌아서 지나가네.

나는 다른 길을 따라 걷네.

15장

드디어 나의 행복을 만나다

영적인 영역이
우리에게 미치는 영향

──────────────── 회복에서 영적인 영역이 차지하는 부분은 실로 엄청나기 때문에 영적 치유에 대한 이야기를 일일이 세세하게 설명하기에는 한계가 있다. 따라서 영적인 영역 치유의 의미를 간략하게 살펴보는 것으로 마무리할 수밖에 없다는 것을 양해해 주기 바란다. 영적인 영역은 내면 아이를 치유하는 데 있어 큰 도움이 되고 중요한 역할을 한다는 것을 잊어서는 안 된다.

영적인 치유는 회복의 마지막 단계라고 할 수 있다. 사실 이 영역은 하나의 단계가 될 수 없다. 고통을 받던 상태에서 내면 아이를 치유하고 평온을 얻을 때까지 계속 진행되는 과정이기 때문이다.

영적인 영역을 최대한 간단하게 정의하면, 자기 자신, 다른 사람, 그리고 세상과 맺고 있는 관계에 대한 것이라고 말할 수 있다. 영적인 영역의 특징은 몇 가지 개념과 원칙으로 설명될 수 있는데, 그중 하나가 '역설적'이라는 것이다. 극과 극인 것처럼 보이는 조건들이나 개체, 경험 등이 영적인 영역에서는 편안한 상태로 공존한다.

영적인 영역은 미묘하기도 하고 강력하기도 하다. 숨 쉬는 것과 매우 흡사하다. 우리는 대부분 숨 쉬는 것을 인식하지도 못한 채 하루하루를 살아간다. 그러나 잠시라도 호흡을 멈추면 생명을 잃을 정도로 호흡의 영향력은 무척 강력하다.

또한 영적인 영역은 '개인적'이다. 우리 모두는 자기 식대로, 자기만의 영적인 영역이 있음을 알아야 한다. 영적인 영역은 기본적인 신뢰에서부터 고통에서 벗어나는 것에 이르기까지, 살면서 겪는 여러 문제들에 대처하는 데 매우 유용하다.

영적인 영역은 '경험적'이기도 하다. 영적인 영역의 가치를 인식하고 활용하고 깨달으려면 직접 겪어야 한다. 지력이나 이성으로는 알 수 없다. 영적인 영역은 알 수 있는 것이 아니라 존재하는 것이다.

영적인 영역은 말로 설명할 수 있는 영역이 아니다. 광대하기 때문에 전 세계의 위대한 성서를 다 읽고 위대한 영적 지도자의 설교를 모두 듣는다고 해도 가늠조차 하기 힘들다. 영적인 영역은 무엇이든 포함하고 지지한다. 어떤 것도 거부하지 않는다. 바로 이런 부분이 조직적인 종교에 해당된다. 종교도 영적인 영역의 일부이기 때문이다. 영적인 것 자체가 종교는 아니지만, 종교를 포함하고 있고 지지하며 그것을 초월한다.

영적인 영역은 상처를 치유하고, 성장을 이끌고, 결국에는 모든 것을 충족시킨다. 이 책 전반에 걸쳐 언급된 발견과 치유의 여정은 결국 영적인 여정이다. 비록 처음에는 그런 생각으로 시작하지 않았다고 해도 그렇다. 각 단계를 시작하고 그 과정을 끝낸 뒤에 다음 단계로 넘어가는데, 다음 단계로 넘어간다고 해서 이전 단계들이 의미없거나 무효화되는 것은 아니다. 오히려 그 단계들을 초월한다.

다시 말하면, 여전히 그 단계들을 중시하고 활용하면서, 완전히 새로운 존재가 되어, 완전히 새로운 의식의 세계와 깨달음으로 삶을 살아가게 되는 것이다. 이런 수준의 의식은 몇 가지 다른 유형의 영적인 여정과 유사하다.

———————————— 매슬로는 인간의 욕구가 단계를

따른다는 이론을 발표했다. 첫째 기본적인 신체 기능과 생존을

위한 생리적인 욕구, 둘째 안전의 욕구, 셋째 소속과 애정의 욕

구, 넷째 자아실현의 욕구, 참 자아를 깨닫고 그것을 편안하게

받아들이고자 하는 욕구, 다섯째 초월 혹은 영적인 욕구, 즉 전

능한 존재와의 관계에서 자신의 참 자아를 완전히 깨닫고자 하

는 욕구가 그것이다.

욕구 단계설은 앞에서 인간의 욕구를 세부적으로 열거한 표

와 유사하다. 또한 이 책 전반에 걸쳐 언급된 내면 아이의 발견

및 치유 과정과도 비슷하다. 끝으로, 우리의 인식 혹은 의식 세

계의 수준과도 비슷하다.

지금까지 회복으로 가는 길을 개념화하고 그에 관한 지도를

그리며 다양하게 보는 법을 배웠다. 매슬로의 욕구와 내면 아

이의 치유 과정, 의식 수준이 유사하다는 것을 알았다. 비록 조

금씩 다르게 보일 수 있지만 말이다.

위 세 가지는 회복 프로그램과 비슷하다. 심각한 문제 가정에

서 살아남아 문제를 인정한 다음 고립되었던 상태를 공유하는

상태, 궁극적으로는 전능한 존재와 공유하는 관계로 변화하는 것이다. 회복 프로그램을 거친 다음에는 자아 성찰, 감정의 정화, 성격의 변화가 이어지고, 그 다음에는 인간관계가 개선되며 남을 도우면서 결국 평온을 찾게 된다.

내면 아이를 치유하고 성장하면서 알게 된 것처럼, 내면 아이의 존재나 의식 상태는 한두 단계에 제한되어 있지 않다. 오히려 우리의 내면 아이는 다음 표에 설명된 7단계 모두에 존재한다.

| 인간의 욕구와 성장, 인지의 체계 |

매슬로우의 욕구	내면 아이 치유	의식 수준
		통일성
	영성 사용하기	
		공감
초월		
	통합	이해(창의력, 당연한 인식)
자기 실현화	변화	충돌을 통한 수락(마음)
	핵심 문제 처리(탐색)	힘(마음, 자아, 정체성)
소속감과 사랑	각정(새로운 인식)	
안전		열정(감정, 성)
생리학적인	생존	생존(음식, 쉼터, 안전, 질병)

내면 아이의 일부는 무기력한 유아라고 할 수 있다. 혼자서는 아무것도 할 수 없는 유아는 누군가가 잘 보살펴 주고 키워주길 바란다. 인간의 발달 단계에서 알 수 있듯이, 사람이 가장 먼저 갖는 욕구는 보살핌과 양육에 대한 욕구이다. 아이는 이 욕구가 충족되어야 다음 발달 단계로 넘어갈 수 있다.

그런데 방치되거나 학대받은 아이들을 욕구를 충족시키지 못했기 때문에 이 단계에 이루어져야 할 발달을 끝내지 못했다. 그러므로 자신의 욕구를 충족시켜서 이 단계를 다시 경험해야만 완성되지 못한 발달을 끝낼 수 있다.

원하는 만큼 보살핌을 받도록 해줄 수 있는 사람은 딱 한 사

내면 아이의 존재와 의식의 수준
무조건 사랑하는 아이
동정적인 아이
창의적인 아이
힘겹게 싸우며 성장하는 아이
생각하고 판단하는 아이
감정을 느끼는 아이
무력한 유아

람밖에 없다. 바로 우리 자신이다. 그것도 거짓된 자아로서가 아닌 참 자아로서의 자신이다. 그러므로 내면 아이는 보살핌을 절실히 원하는 무력한 유아임과 동시에 양육자이기도 하다. 따라서 우리는 우리 자신을 돌보는 사람이므로 반드시 자신이 원하는 것을 얻을 수 있게 해야 한다.

감정을 느끼는 아이

내면 아이는 감정과 정서가 풍부하다. 감정을 느끼는 내면 아이는 무언가에 대해 언제 관심을 가져야 할지 알게 해준다. 그것은 위험이나 분노처럼 해로운 것일 수도 있고, 즐거운 것일 수도 있으며, 과거에 대한 반응으로 나타나는 감정일 수도 있다. 무엇이 됐든 중요한 것은 감정에 관심을 기울이게 되었다는 것이다

생각하고 판단하는 아이

생각하고 판단하는 내면 아이는 우리의 에고, 머리, 자아^{self}와 관계가 있다. 즉 많은 사람들이 자기 자신, 다시 말해 자신의 정체성이라고 착각하는 존재이다. 가끔 막강한 힘을 갖는 존재로 오인되기도 하지만 역시 우리의 일부일 뿐이다.

생각하고 판단하는 내면 아이는 참 자아의 일부분이면서 거

짓된 자아와 가장 직접적으로 연결되어 있다. 그래서 친구 사이 같다고 말하는 사람들도 있다. 이 아이는 거짓된 자아를 이해하기 때문에 우리가 거짓된 자아를 필요로 할 때 거짓된 자아와 협력할 수도 있다. 많은 사람들이, 생각하고 판단하는 내면 아이와 거짓된 자아를 과장해서 생각하고 지나치게 발달시킨다. 그러나 회복 과정을 통해, 내면 아이의 다른 면을 일깨우면 균형 잡히고 개성적이며 통합된 상태로 성장할 수 있다.

힘겹게 싸우며 성장하는 아이

힘겹게 싸우며 성장하는 아이는 좀 더 높은 차원의 자아와 평온을 깨닫는 열쇠가 된다. 이 아이는 높은 자아와 낮은 자아를 연결시켜 준다. 또 '갈등을 통한 수용'이라는 말로 설명될 수도 있다. 즉 무언가를 인식한 다음 고통이나 기쁨을 경험한 뒤 평화의 상태에 이르게 되면서 그것을 받아들이게 된다는 의미이다.

힘겹게 싸우며 성장하는 아이는 수용함으로써 성장한다는 점에서, 슬퍼하는 과정, 용서하는 과정, 자기 이야기를 하는 과정과 비슷하다.

창의적인 아이

뭔가가 진짜 사실이거나 옳다는 생각이 들어 이성적으로 확인해 볼 필요도 없을 것 같은 기분을 느껴 본 적이 있는가? 남자는 '본능적인 반응'이라 말하고, 여자는 '직관'이라고 부르며, 삶에서 자신을 돕게 만드는 것이 바로 창의적인 내면 아이이다.

창의적인 아이는 우리가 저절로 알게 되는 우리의 일부분이다. 아이디어와 영감, 창의적인 생각 같은 것은 모두 이 부분을 통해 주기적으로 나타난다. 위대한 예술 작품, 학문, 문학, 연극 등이 모두 이 부분에 근거한다고 보면 된다.

그러나 가끔은 거짓된 자아가 창의적인 내면 아이로 위장되기도 하고, 거짓된 자아의 직관에 따라 잘못된 길을 가기도 한다. 그러므로 마음속에 떠오른 영감이나 직관은 확인해 볼 필요가 있으며, 어떤 결과로 이어질지 생각해 봐야 한다. 우리에게 도움이 되는 것이라면 창의적인 내면 아이에서 나온 것일 가능성이 크다. 반대의 경우에는 거짓된 자아로부터 나왔을 자도 모른다.

동정적인 아이

누군가와 같이 있으면서 그의 이야기를 듣고 깊은 감동을 받거나 눈물을 흘린 적이 있는가? 그와 동시에, 그 사람이 과거에 고통을 받았거나 지금 받고 있다는 것을 알면서도 그를 구하거나 변화시키려고 하는 것은 아무 도움도 되지 않으리라는 생각이 들었던 적이 있는가? 이런 경험을 하게 될 때가 바로 동정적인 내면 아이와 직접 접촉하고 있을 때이다. 사실 이때는 우리가 곧 동정적인 내면 아이가 되는 것이나 다름없다.

동정적인 아이는 열정적인 아이의 거울 이미지, 즉 정반대가 된다. 열정적인 아이는 다른 사람을 바꾸려고 하고, 구하려고 하며 고치려고 한다.

무조건적으로 사랑하는 아이

사람들이 가장 이해하기 어려워하고, 되기도 힘들어하는 존재이다. 자라면서 학대를 받았거나 지금도 학대를 받고 있는 사람은 자신을 포함한 어느 누구도 무조건적으로 사랑하지 못한다.

사랑이
우리 안에 있다

—————————— 학대를 받은 사람은 자존감이 낮으며 스스로를 무가치한 존재, 결점을 타고난 존재라고 생각

하기 쉽다. 알코올의존증이나 식이 장애, 또 스스로를 피해자라고 생각하게 만드는 여러 상황에 처해 있는 사람들도 마찬가지이다. 어릴 때나 어른이 되어서도 계속 트라우마에 시달리고술이나 음식을 조절하지 못하는 사람들은 스스로 사랑받을 가치가 없다고 생각한다.

그럴 때 자신이 사랑할 수 없는 존재라고 생각하는 대신 사랑 따윈 필요 없다고 생각하게 된다. 즉 '나는 사랑받고 싶지 않아.', '나는 누가 됐든 사랑을 모두 거부할 거야.'와 같은 생각을 하면서 사랑을 거부한다. 그렇게 되면 사랑을 포함한 모든 감정이 얼어붙어서 느낄 수 없게 된다. 회복 과정을 거치며 우리는 자조 모임이나 그룹 치료, 상담사, 친구 등을 통해 무조건적인 사랑을 경험한다. 그리고 사랑이 갖는 치료 효과를 느끼기 시작한다.

사실 사랑은 여러 치료 방법 중에서 치료 효과가 가장 크다. 충분한 사랑을 받고 건강해지는 데는 몇 년이 걸릴 수도 있다. 그렇게 되고 나면 그 보답으로 다른 사람을 사랑할 수 있게 된다. 사랑을 받아 본 사람이 다른 사람을 사랑할 줄 안다는 말은 틀린 말이 아니다.

많은 사람이 사랑을 '첫눈에 빠지는 사랑' 혹은 열병처럼 제한적인 경험으로 생각한다. 이러한 문제는 회복 과정을 통해 사랑이 단순한 감정이 아니라는 것을 배우면서 해결될 수 있다. 사랑은 자신과 타인의 완전한 성장을 위해 성심성의껏 헌신하게 하고 의지를 갖게 만드는 에너지이다. 그리고 사랑은 신체적 · 정신적 · 정서적 · 영적인 영역을 모두 포함한다.

회복하고 성장하면서 우리는 사랑에도 몇 가지 종류가 있다는 것을 알게 된다. 사랑의 종류는 의식의 일곱 단계에 따라 서로 다른 모습으로 나타난다. 다음 표를 보면 자존감이 낮은 단계에서는 사랑을 궁핍함, 화학 반응이나 열병, 소유, 강렬한 동경, 숭배로까지 생각한다. 간단히 말하면 연애의 감정으로서 사랑을 받아들인다는 뜻이다. 문제 가정에서 자랐거나 내면 아이를 억눌린 경험이 있는 사람은 이런 낮은 단계의 사랑을 경험하게 된다.

| 인간의 의식에 따른 사랑, 사실, 치유, 힘의 구분 |

의식 단계	사랑	사실	치유	힘
1. 생존	궁핍함	학문	육체적	육체적인 힘
2. 열정	화학 반응	감각	보살핌	조작
3. 머리 · 에고	숭배와 소유	경험과 신념	예방, 교육, 심리적	주장과 설득
4. 수용 · 가슴	용서	용서	용서	용서
5. 이해	성장에 헌신함	창의성	옳은 결정	지혜
6. 동정	조건 없는 공감과 수용	사랑과 수용	사랑과 수용	사랑과 수용
7. 의식의 통합	평화로운 존재	평화로운 존재	평화로운 존재	평화로운 존재

내면 아이를 치유하기 시작하면 좀 더 높은 단계의 사랑을 발견하고 추구하며, 초월하게 된다. 갈등을 통한 사랑, 용서, 믿음, 자기 자신이나 사랑받는 사람의 성장을 위한 헌신, 조건 없는 공감, 수용, 순수한 평화적 존재 등은 높은 사랑의 범주에 속한다. 인식하고, 경험하고, 놓아 버림으로써, 그리고 많은 사람들이 언급하고 가르친 영적인 실천을 통해, 우리는 자기 안에 있는 사랑에 점차 마음을 열게 된다.

끝으로 사랑은 전능한 존재가 사람을 치유할 때 쓰는 방법이다. 우리 자신도 사랑을 통해 자신을 치유한다. 그룹 치료나 상담, 명상, 기도, 친구관계에서도 결국은 사랑이 가장 효과적인 치료 수단이 된다. 이제 사랑을 두려워하거나 도망칠 필요가 없다. 가장 중요하고 치유의 힘이 있는 사랑이 우리 안에 있음을 알게 되었기 때문이다.

관찰하는 자아의 중요성

회복 과정을 밟으며 성장하는 동안, 우리는 자신의 내부 혹은 차원 높은 자아의 어딘가에, 한 걸음 뒤로 물러나 우리에게 일어나는 일들을 지켜보는 존재가 있음을 깨닫게 된다. 실제로, 많은 사람들이 분노를 느낀 다음 그 분노의 감정과 자신이 분리되는 경험을 한다. 자신이 분노에 빠져 있는 자신을 관찰하고 있음을 깨달을 정도로 말이다.

때로는 유체가 이탈되는 경험을 하기도 한다. 그래서 화를 내고 있는 자신을 볼 수가 있다. 이런 능력은 상상 요법이나 직관적인 심상, 시각화하는 연습을 통해 향상되기도 한다. 눈을 감고 분노와 관련된 장면이나 행동을 상상하면 분노에 대한 긍정적인 해결책을 떠올릴 수 있다. 명상을 하면서도 가능하다.

정신건강의학과 임상교수인 다이크만과 다른 학자들은 이처럼 강력하고 자유로운 우리의 일부를 '관찰자', '관찰하는 자아'라고 불렀다. 서양의 심리 서적들은 관찰하는 자아를 '관찰하는 에고'라고 말한다. 하지만 에고의 특성과 그것이 자신을 이해하는 데 미치는 영향에 대해서는 분석하지 않았기 때문에 관찰하는 자아의 특성과 의미, 중요성을 계속 놓치고 있으며 이에 대한 이론도 분분한 상태이다.

다음 장의 그림에서 볼 수 있듯이 관찰하는 자아는 회복의 중심에 위치한다. 이 그림은 자아(혹은 대상으로서 자아)와 관찰하는 자아의 상호관계를 보여준다. 자아는 사고, 감정, 행위, 바람, 그 밖에 생존을 위한 활동과 관계가 있다(자아에 대한 이런 낡고 비효율적인 개념은 거짓된 자아와 참 자아 모두에 포함되어 있다).

| 관찰하는 자아와 대상으로서의 자아의 관계 |

관찰하는 자아

자각   의식

자아의 측면
• 사고, 계획, 해결, 걱정
• 정서, 느낌, 감정
• 행위, 행동, 기능
• 바람, 소망, 상상

관찰하는 자아는 우리의 거짓된 자아와 참 자아를 다 지켜보는 진정한 자아의 일부이다. 심지어 자신을 지켜 보고 있는 우리의 모습까지도 지켜 볼 수 있다.

관찰하는 자아는 의식이며 내면 아이의 가장 중요한 활동이다. 그래서 어떤 것도 혹은 어떤 존재도 그것을 볼 수는 없다. 적어도 세상에서 우리가 알고 있는 것 중에서는 그렇다. 관찰하는 자아는 오감과 거짓된 자아, 그리고 우리의 일부를 초월한다.

트라우마가 있는 성인 아이는 관찰하는 자아를, 감정을 회피할 때 이용하는 방어 수단의 하나로 혼동할 수도 있다. 사람들은 이런 방어 수단을 '거짓된 관찰 자아'라고 부르기도 한다. 자각이 분명하지 않고 흐릿하기 때문이다. 거짓된 관찰 자아는 초점이 흐리고 늘 멍한 상태로 내면 아이를 부정하고 왜곡하며 종종 비판하기도 한다.

이와 반대로 진정한 관찰 자아는 분명하게 자각하고 더욱 정확히 관찰하며 수용하는 경향이 강하다. 다음은 이 둘의 차이를 간략하게 정리해 보았다.

| 진정한 관찰 자아와 거짓된 관찰 자아의 차이점 |

	진정한 관찰 자아	거짓된 관찰 자아
자각	분명함	흐릿함
초점	잘 맞춰서 지켜봄	멍한 상태임
감정	정확히 지켜봄	부정함
태도	수용함	비판적임

의식을 확대시키면 우리는 우주라는 큰 드라마 속에 있는 자신을 자각할 수 있다. 혼자 춤을 추고 멜로드라마를 연기하는 것을 보면서, 관찰하는 자아가 자신의 일부임을 이해하게 된다. 자신이 진짜 움직이고 있음을 깨달으면 뒤로 물러나 상상력을 이용해 자신이 하고 있는 것을 관찰할 수 있다. 그렇게 함

으로써 우리는 모든 것을 너무도 심각하게 생각했던 자신에게 웃음을 터뜨리며 유머라는 강력한 방어 수단을 작동시킨다.

다이크만은 이렇게 말했다. "관찰하는 자아는 우리의 생각과 감각이 형성하는 사물의 세상에 속하지 않는다. 관찰하는 자아는 말 그대로 한계가 없다. 모든 것을 다 할 수 있다. 따라서 날마다 일어나는 의식에는 초월적인 요소가 포함되어 있다. 그런 요소는 경험의 가장 밑바닥에 있기 때문에 거의 알아차릴 수 없다. 초월이라는 말은 주관적인 의식, 즉 관찰하는 자아가 그 자신은 관찰되지 않고 의식의 세계에서 영원히 분리되어 있다고 가정할 경우, 세상 모든 것들과 다른 질서를 갖고 있을 가능성이 있다는 점에서 정당화될 수 있다. 관찰하는 자아의 근본적인 성질은 그것이 아무 특징이 없음을 깨달았을 때 비로소 분명해진다. 관찰하는 자아는 세상으로부터, 거울이 자기가 비추는 상에 영향을 받는 만큼 이상의 영향은 받지 않는다."

관찰하는 자아가 두드러지면 낮은 자아, 즉 대상이 되는 자아는 뒤로 물러나는 경향이 있다. 낮은 자아와 관계된 것은 고통이나 질병과 연관되어 있을 가능성이 크다. 강하고 유연한 자아를 만드는 것은 내면 아이를 치유하는 과정이다. 영구적으로 관찰하는 자아로 전환되려면 먼저 강하고 유연한 자아부터 만들어야 한다.

──────────────────────────── 관찰하는 자아에 익숙해지고 영적인 영역의 치유 효과를 확인하면 평온함, 즉 내적인 평화와 행복에 이르는 길을 만들 수 있다. 다음은 평온함에 이르는 방법을 정리한 것이다.

평온함을 깨닫는 원칙

1. 우리는 우리의 여정에 대해 무지하며 한계가 있는 존재이다 (겸손), 우리는 우주의 법칙들을 연구할 수 있고 그와 비슷하게 따라갈 수 있으며 궁극적인 지식이 부족한 것에 굴복할 수 있다. 수 백년 동안 현자들은 이런 한계들을 고려해서 다음과 같은 말을 남겼다.

2. 전능한 존재는 우리 안에 있고 우리는 전능한 존재 안에 있다.

3. 우리는 자각과 인식, 존재의 각 단계에 따라 현실을 생각할 수 있다.

4. 우리는 집으로 가고 있다(우리는 집에 있다, 이미 그랬고 항상 그렇다). 이 세상에서 집은 곧 우리만의 독특한 방식으로 모든 단계의 자각과 의식에 존재함을 뜻한다.

5. 집으로 가는 과정에는 갈등이 있을 수 있다. 어떤 면에서,

특히 집으로 향하는 과정에서 이런 갈등이나 창의적인 긴장은 유용할 수도 있다.

6. 우리에게는 선택권이 있다. 우리는 몸, 에고·정신, 세상과의 관계를 통해 자신의 고통과 단절된 상태를 악화시킬 수도 있다. 아니면 그것들을 이용해 우리의 마음과 영혼, 고귀한 자아가 집으로 돌아가게 하고 그 복귀를 축복하게 만들 수도 있다.

7. 전능한 존재(집)는 사랑이다(사랑이야말로 우리가 전능한 존재에 대해 알 수 있는 가장 유용한 방법이다).

8. 우리는 경험(현재를 사는 것을 포함해서)하고, 기억하고, 용서하고, 내줌으로써 전능한 존재를 깨닫는 데 방해가 되는 것을 제거할 수 있다(이러한 깨달음은 결국 같은 것으로 볼 수 있다). 주기적으로 영적인 생활을 실천하는 것도 이런 깨달음에 도움이 된다.

9. 단절, 고통, 악은 사랑을 깨닫지 못해서 있는 것이다. 따라서 그것들은 결국 환상일 뿐이다. 그것들은 우리가 사랑과 완전함, 집을 추구하고 있음을 증명하는 것이다.

10. 우리는 자신의 신념과 사고, 행동에 의해 자기 이야기를 창조한다. 머리와 마음으로 믿고 생각하고 느끼는 것을 우리 자신의 경험과 삶에서 만들어간다. 우리는 준 것을 다시 얻

는다. 내면에서 그러했듯이 외부에서도 그러할 것이다.

11. 삶은 과정이고 힘이고 흐름이다. 우리는 삶을 사는 것이 아니다. 우리가 삶에 순종할 때, 즉 삶의 과정을 물 흐르듯 따르고, 삶에 참여하는 데 대해 책임을 지면 공동 창조자가 될 수 있다. 그렇게 되면 삶의 흐름에 저항하고 집착함으로써 생겨난 고통에서 자유로워진다.

12. 내적인 평화는 위에서 말한 모든 것을 알고, 실천하고, 그렇게 되는 것이다. 우리는 결국 우리 자신이 이미, 그리고 항상 평온한 상태, 즉 집에 있었음을 깨닫게 된다.

위 원칙들 중 몇 가지는 제임스의 사례에 잘 드러나 있다. 제임스는 알코올의존증 환자 가정에서 자랐다. 그의 아버지는 심각한 알코올의존증 환자였고, 어머니는 그런 아버지의 비위를 맞추며 사는 상호의존증 환자였다.

제임스는 어른이 되어서도 알코올의존증 증상을 보이지 않았지만 점차 자신이 과도한 혼란과 고통 속에 있음을 깨닫게 되었다. 결국 그는 알코올의존증 환자 모임에 나갔고, 그 다음에는 알코올의존증 환자 가정의 성인 아이를 위한 자조 모임에 6년 동안 다니며 상당한 효과를 보았다.

그는 회복하는 과정에서 영적인 부분이 얼마나 의미 있고 중요한 역할을 했는지 다음과 같이 말했다.

"처음에는 익명의 알코올의존증 환자 모임에 자주 나갔고, 그 다음에는 알코올의존증 환자 가정의 성인 아이를 위한 자조 모임에 다녔습니다. 일주일에 한두 번은 꼭 나갔던 것 같아요. 나는 진심으로 좋아지고 싶었습니다. 하지만 그렇게 되어가는 것 같지는 않았어요. 그런데도 무언가가 계속 나를 모임에 나가게 만들었죠.

나는 늘 강해지는 것을 중요하게 생각했습니다. 나에게 있어서 강해지는 것은 곧 독립적이라는 의미였거든요. 말을 많이 하지 않는 것도 강해지는 것에 속했어요. 나는 누구의 도움도 필요 없이 혼자서 회복할 수 있다고 믿었습니다. 남을 믿는 것, 굴종하는 것, 의지하는 것은 나에게 약한 것이었고 병이었어요. 나는 이런 사람들은 병이 있는 것으로 간주했죠.

그리고 물론 나는 그 사람들보다 훨씬 건강하다고 생각했어요. 돌이켜보면 이것은 내가 숨겨둔 감정, 또 회복을 위해 꼭 겪어야 하는 변화에는 압도되지 않은 채 계속 모임에 나가는 데 필요한 방어 수단이라고 생각했던 것 같습니다.

모임에서 한 여자를 만났습니다. 정말 오만하고 불행해 보이는 여자였죠. 얼마나 불쾌하게 구는지 그 여자가 모임에 나오면 그 주변은 가급적 피하려고 했어요.

그녀는 희망이 없어보였고 나는 분명 그 여자보다 훨씬 낫다고 생각했어요. 그런데 그녀가 변한 겁니다. 오만했던 태도도 사라지고 나와 다른 사람들에게 조금씩 친절해졌죠. 행복해 보이기도 했어요. 내가 전혀 존중하지 않던 사람에게 나타난 변화였기 때문에 정말 인정하기 싫었지만 그렇게 바람직한 모습으로 바뀐 그녀가 솔직히 부러웠습니다. 나도 그렇게 되고 싶었어요. 그녀는 자기 안의 전능한 존재에 대해 말하기 시작했고, 나는 아직 그 존재를 깨닫는 것을 어려워하던 상태였습니다. 열성적인 종교 집안에서 자랐으면서 말이죠.

그래서 나는 그녀에게 무슨 일이 있었으며, 어떻게 해야 나도 그런 평화와 행복을 얻을 수 있을지 생각하기 시작했어요. 엄청난 생각과 감정이 필요한 일이었어요. 지금까지 불행한 혼란 속에서 살아왔으니까요.

나는 영적인 분야의 책들을 읽기 시작했고 기도도 했습니다. 어렸을 때도 기도는 해봤지만 이때부터 다시 시작한 기도는 뭔가 달랐어요. 아마 내가 좀 더 진실해지고 겸손해져서 그랬나 봐요.

그렇게 몇 달을 보낸 후 2주에 걸쳐서 내 안에서 뭔가 변화가 일어나는 것을 느꼈습니다. 태도도 바뀌었고 아버지와 다른 사람들에 대한 분노도 내려놓게 되었어요(물론 예전에도 분노와 다른 감정들, 또 내가 갖고 있던 여러 가지 문제들을 해결하기 위해 무척이나 노력했었죠).

전능한 존재도 진심으로 믿게 되었습니다. 그 전에는 절대 못 했던 일이었어요. 그래서 나는 행복을 느끼는 것이야말로 건강해지는 것이라고 바꿔 생각하게 되었고, 그 다음에는 다른 사람을 필요로 하고 그들과 영적인 프로그램에 순종하는 것이 행복이라고 생각하게 되었습니다. 이 모든 변화는 그렇게 해서 이루어진 것이랍니다."

제임스의 이야기는 평온함을 깨닫는 몇 가지 원칙들을 보여주고 있다. 맨 먼저 그는 갈등을 겪고 싸웠다, 그는 여자와의 불편한 관계를 영적인 진화와 성장의 발판으로 삼았다, 그는 자기가 처한 갈등과 고통을 인식하고 영적인 생활의 실천, 즉 기도를 주기적으로 수행했다.

결국 그는 진실하고 겸손한 태도로 자신이 원하는 것을 추구했고, 삶이라는 과정에 순종했다, 그리고 마침내 그는 자신이 추구하던 것을 찾았는데, 그것은 자기 안에 있었다.

많은 사람들이 평온함, 내면의 평화, 행복을 얻으려면 행복을 추구하거나 고통을 피해야 하거나 혹은 두 가지를 모두 해야 한다고 말한다. 행복을 추구하는 방식은 쾌락을 추구하는 것에서부터 타인에게 몰입하는 것(상호의존증으로 이어질 수 있음), 착하게 사는 것, 하늘에서 상으로 평화를 내려줄 때까지 기다리는 것 등 다양하다. 고통을 피하는 방식도 여러 가지이다. 고통을 모르는 척하거나 갈등이 생길 만한 상황에서 벗어남으로써 고통을 피할 수도 있다.

과연 행복을 추구하고 고통을 피하기만 하면 영원한 평화와 행복을 얻을 수 있을까? 결론부터 이야기하면 '아니다.'이다. 다른 사람들이나 나 자신에게 물어봐도 대답은 늘 '아니다.'이다.

행복을 얻지 못했을 때 우리는 자신의 무능함에 상처와 분노를 느끼고 고통을 다른 사람에게 투사할 수 있다. 아니면 전 과정을 지켜보다 불행하다고 여겨질 때 위축된 자아, 즉 거짓된 자아의 모습을 관찰할 수도 있다. 그렇게 하면 행복이 우리가 노력해서 얻을 수 있는 것이 아니라는 것을 알게 된다.

행복과 평화는 우리의 자연스러운 상태이다. 평온함은 우리가 자신의 감정과 경험에 덧붙이는 모든 것 밑에, 그리고 위축된 자신의 모습 밑에 존재한다. 평온함을 깨닫기 위해 해야 할 일은 없다. 할 수 있는 일도 없다. 시험에서 전부 A를 받았다고 행복해지는 것은 아니다. 최고급 차를 세 대나 가졌다고 해서, 몇억 원을 가졌거나 모두가 원하는 사람과 결혼했다고 해서 행복해질 수 있는 것도 아니다. 행복을 얻거나 성취할 수 있는 방법은 없다. 행복을 누릴 자격이 따로 있는 것도 아니다. 행복은 이미, 그리고 항상 우리 안에 내재되어 있는 것이다.

트라우마가 큰 성인 아이는 자기 안에 행복이 있다는 것을 쉽게 받아들이지 못한다. 그렇다고 해도 나는 충분히 이해할 수 있다. 내면 아이를 치유하면 우리가 이미 행복을 갖고 있다는 것을 깨닫게 된다. 명상이나 기도 같은 영적인 생활을 날마다 실천하는 것, 영적인 분야의 책을 읽는 것도 자기 안의 평화를 깨닫는 데 도움이 된다.

'영적'이라는 개념에 회의적이거나 혼란을 느끼는 사람도 있을 것이다. 아예 믿지 않는 사람이나 "이 사람 제정신이 아니군!"이라고 말하는 사람도 있을 것이다. 하지만 영적인 책을 통해 위안을 얻는 사람도 분명히 있고, 자신에게 유익한 것들을 찾아내는 사람들도 있다.

당신이 어떤 반응을 보이든 나는 당신의 반응과 본능을 따르라고 조언하고 싶다. 그에 대해 곰곰이 생각해 보고, 적절하다고 생각되면 언제든 그에 관해 이야기하면 된다. 당신이 할 수 있는 것을 하고, 나머지는 그냥 맡겨두면 된다.

자신을 진심으로 사랑해주세요

문제 가정의 성인 아이를 치료한 많은 의사들은 가장 효과가 좋은 회복 프로그램으로 그룹 치료를 꼽는다. 단, 나는 그룹 치료가 다음과 같은 완벽한 프로그램과 결합되어야 최선의 효과를 거둘 수 있다고 생각한다.

- 심각한 중독, 충동적인 행위, 집착(알코올의존증, 상호의존증, 식이장애 등)에 대한 치료
- 회복 프로그램 혹은 회복과 비슷한 개념으로 활동하는 자조 모임에 참여하기
- 회복을 위한 조건과 방법에 대한 교육

- 반복되는 트라우마의 치료

- 개인 상담이나 심리 치료

나는 이 모두가 현재 진행 중인 신체적·정신적·정서적·영적인 회복 프로그램의 일부라고 생각한다. 위 조건들이 모두 갖춰졌다는 가정 하에, 다음은 의사들이 가장 선호하는 치료법, 즉 그룹 치료의 장점들이다.

성인 아이를 위한 그룹 치료의 장점

1. 회원들은 한 명이 아니라 여러 명의 치료사를 둔다(모임 횟수에 따라 회원 수는 최고 일곱 명에서 여덟 명, 리더는 두 명이 적당하다).

2. 그룹이 가족의 역할을 맡음으로써 가족과 관련된 정서적인 문제, 갈등, 다툼을 해결하는 데 도움을 받을 수 있다.

3. 다른 사람들이 단계별로 회복되어 가는 모습을 지켜볼 수 있다. 특히 모임에 나온 사람이 자신의 삶이나 회복 과정에서 극적일 만큼 긍정적으로 바뀐 모습을 보는 것은 의욕을 유발하고 치료 효과를 촉진시킨다.

4. 적절한 교육을 받은 유능한 리더를 통해 신체적·정신적·정서적·영적인 회복 전반에 걸친 구체적인 문제들을 논의할

수 있다.

5. 이 밖에 그룹 치료는 정체성을 찾는 것, 자신을 인정받는 것, 효과적인 피드백, 학대가 아닌 적절한 대립 상태를 경험하는 것, 서로에 대한 지지 등 일반적으로 알려진 장점들을 갖고 있다.

자아를 치유할 계기를 찾고 충분한 방법과 기술을 갖추어 자신이 갖고 있는 부정적인 조건과 피해자라는 생각, 되풀이되는 충동적 행위를 극복하고 내면 아이를 찾아 회복시키려면 보통 3~5년 정도는 걸린다. 경우에 따라서는 회복 프로그램을 통해 더욱 노력해야 할 수도 있다.

회복은 지적 혹은 이성적인 과정이 아니다. 쉽게 할 수 있는 것도 아니다. 그것은 경험에 따른 과정이고, 흥분과 실망, 고통과 기쁨으로 이루어지며, 시간을 두고 일어나는 개인적인 성장이다.

회복에는 엄청난 용기가 필요하다. 말로 충분히 설명할 수 없지만, 당신이 내면 아이를 치유하겠다는 굳은 마음만 먹는다면 꼭 할 수 있으리라 믿는다.

— 찰스 화이트필드

내 마음 깊은 곳에서 울고 있는 내면 아이를 다독이는 법

엄마에게 사랑이 아닌
상처를 받은 너에게

초판 1쇄 발행 2021년 10월 6일

지은이 찰스 화이트필드
옮긴이 김세영

책임편집 이가영
디자인 Aleph design

펴낸이 최현준·김소영
펴낸곳 빌리버튼
출판등록 제 2016-000166호
주소 서울시 마포구 월드컵로 10길 28, 202호
전화 02-338-9271 | **팩스** 02-338-9272
메일 contents@billybutton.co.kr

ISBN 979-11-91228-67-0 03180

· 이 책은 저작권법에 따라 보호를 받는 저작물이므로 무단전재와 무단복제를 금합니다.
· 이 책의 내용을 사용하려면 반드시 저작권자와 빌리버튼의 서면 동의를 받아야 합니다.
· 책값은 뒤표지에 있습니다. 파본은 구입하신 서점에서 교환해 드립니다.
· 빌리버튼은 여러분의 소중한 이야기를 기다리고 있습니다.
  아이디어나 원고가 있으시면 언제든지 메일(contents@billybutton.co.kr)로 보내주세요.